Storytelling für
Unternehmen

Mit Geschichten zum Erfolg in
Content Marketing, PR, Social
Media, Employer
Branding und Leadership

—

讲好
商业故事

—

赢得人心、燃爆关注的绝顶技能

[德] 米丽娅姆·鲁普 著

李琪 译

中国人民大学出版社
· 北京 ·

　　企业创办人、传统型企业、营销经理以及人事主管们正面临着百年以来的最大挑战：顾客也好，员工也罢，都不再信奉广告信息了。一方面，发达的社交媒体使他们比以往任何时候都更加消息灵通，要求更高，也更有批判意识；另一方面，网络上的大量信息、舆论以及图片有时也让他们厌倦。在这种情况下，企业该如何突围并取信于人呢？

　　那就是重启人类自古以来用于交流的一个最直观也最有效的老办法，在经历了数十年由上而下的单向沟通之后，企业需要从头开始好好学习讲述故事的艺术了。讲故事的目的在于：以平起平坐的方式面对消费者和员工，借助他们的创意、价值观和愿景来赢得他们青睐。通过讲故事，领导人可以在团队中获得更高的关注度、可信度和支持率；对营销部门而言，不管是公关、内容营销、社交媒体抑或是传统型广告，讲故事是所有新旧渠道中顾客沟通的基础所在。

　　今天一提及品牌故事，人们会说起红牛、苹果、可口可乐、多芬、爱彼迎这一类品牌，可是这些公司的做法究竟与我们所知道的传统企业传播方法有什么不一样呢？你可以从它们身上学到什么？

让我们来探究一番这些品牌以及企业吧，看一看这些从小型到大型、从安全套到货轮、从初创企业到老牌企业的做法。通过具体事例，你将了解到如何在营销以及企业管理中成功地讲故事。

在阅读过程中，你会时不时地碰到可以套用到你的企业的问题。这些问题被着重列出来以供参考，这将有助于你创造出自己的品牌故事。

为了更好地激活思维，并让内容生动形象，每一章都包含有意思的事例。事例标有网址链接以供查阅，链接汇总在每章末尾的链接列表中。所有收录的事例都可在以下网址中找到：http://story-telling-fuer-unternehmen. de/beispiele。

除了这些例子之外，书中收录的企业家以及企业负责人的采访提供了他们从实践中获得的经验与见解。

设计工作室 Madame Design 的安娜·亚当为这些丰富多彩的例子制作了 150 幅插图。这不仅让本书有了属于自己的特色，也能帮助读者加深理解。

对故事的效力还抱有怀疑态度的读者可以跟随本书的第 1 章对人类大脑进行一次大考察。好消息是：诸如 AIDA 模式这类传统的营销方式无须完全抛弃掉，正相反，讲故事恰恰激活了我们头脑中那些想要通过交流来触及的方面：关注、兴趣、需求以及行动。只不过，所采用的方式颇为不同，但它更有效。

第一篇　什么是故事

"Storytelling" 这个概念由两个重要的部分组成。

"Story"（故事）——什么是故事？

"Telling"（讲述）——怎样讲述故事？

本书的第一篇讨论的是：一个故事应该由哪几个部分组成，怎样才能把它们转接到企业故事中来。这一篇的目的并不仅仅是帮助您和企业找到主角英雄、冲突问题、圆满结局，进一步地，也要找到您自己在故事中的角色。此外，讲故事的各项元素还可以用到完全不同的方向，并通过准备更为根本的问题来帮助您的企业找到自己的战略、愿景和价值。

是什么让主人公与众不同？是他英俊的相貌，是他的性格、特质抑或天赋？

是什么成就了好的故事？是极其可恶的反派角色，是一对相爱的人，又或者两者皆是？

讲故事和市场营销、公关、社交媒体、领导管理和雇主品牌之间有着什么样的关系？企业是否扮演着拯救员工和顾客的主人公角色，还是恰恰相反？

这几个问题以及更多其他问题有着各种各样的答案，它们都可以帮助企业来创作完全属于自己的故事。从消遣时看过的书籍、影片、电视剧以及故事传说中，我们通过成千上万种不同形式得出了这样一种认知：每一个故事都是由开端、中间以及结尾构成的。在本书第2章中，我们将一起探讨亚里士多德和他的后继者们对这一认知具体是怎么看待的，您将深入了解不仅深深影响了荷马《奥德赛》、乔治·卢卡斯《星球大战》，并且在超级碗橄榄球大赛的插播广告中占有一席之地的叙事结构。约瑟夫·坎贝尔和克里斯托弗·沃格勒已经为我们做了大量的先导工作，并借助数百部经典作品为主人公不断重复的历险旅程给出了定义。不管是史蒂夫·乔布斯传奇性的斯坦福大学演讲，抑或是多芬的广告宣传都证明了一点：英雄旅程的每一步都是能够应用到企业传播中来的。

第 3 章要探讨的是故事的结局，研究让主角踏上冒险之旅的目的。每一家企业也应该有一个愿景。有的企业将"为什么"放在重点和中心，而不是把"什么"和"怎样"摆在主要位置，这样的企业也往往比同行更成功、更受推崇也更具带动力，这并不是没有原因的。讲故事和定义一个愿景这两者是齐头并进的，掌握好讲故事的艺术能帮助企业找出愿景，而愿景的明确化又能赋予故事一个自己的目标。

但是，如果一个目标毫不费劲就达成了，那么主角就不成其为主角，故事也就谈不上是故事了。因此，本书的第 4 章将探讨矛盾冲突以及竞争对手，它们是叙事过程中的又一个重要组成部分。然而在传统的营销领域中，企业迄今仍对这一主题畏缩不前。这个环节恰恰是出彩的部分和基石所在，有了它才能让我们和公众一起如痴如狂，认可赞同故事的主角，并且经久不变。

在本书的第 5～7 章中，我们将摒弃很多人可能至今仍然抱有的一种偏见。对企业而言，特别让人兴奋的一个事实就是：主角并不是只有一类，故事也不是只有一种；要带着什么样的意图面向受众中的哪一个群体，对此有若干的主人公可供选择，通过他们的视角能够不断创造出新的篇章。针对不同的目的——是要强化品牌、推出新产品，还是要以极具魅力的雇主形象吸引资优人才，要提高客户参与度，抑或是培养发展内部的企业文化，企业不仅自己可以以主角的形象站在聚光灯下，企业顾客和员工也可以挑大梁。即使是远在周边外围的参与者也可以成为主角英雄，或者至少可以挑选他们充当叙述者——比如供应商、员工子女甚或是顾客最喜欢的某样东西。

当主角是员工或顾客时，企业又该扮演什么样的角色呢？毕竟，企业正是交流和宣传的出发点嘛！导师是一个很重要的角色，企业应该借助这一角色成为主角身边的陪伴者，准确地认知受众的需求并予以支持，这就是企业最重要的任务。

第 5 章将为您展示已然落伍的市场营销的黑暗艺术与讲故事之间的区别。马斯洛的需求层次金字塔形象地展现了如今的顾客和员工有着什么样的目标、价值观以及愿望，以及企业可以怎样予以迎合。不过，导师与导师之间也都是不尽相同的，比如欧比旺作为天行者卢克的导师与奥德修斯的指引人雅典娜就截然不同。在这一章里，我们将通过具体的例子来进一步讨论 15 种不同的导师类型。这主要是为了给企业带来一些灵感和启发，帮助企业找到完全属于自己的角色，从而也就能定义与自己的目标群体——或者说是主角——进行交流的基调、资源和方法。

不过，主角旅程和导师类型都不是唯一能够帮助您讲好故事的模式或模板。在第 6 章中要探讨的是可以对大多数故事进行归类的七种基本剧情。借助这些剧情，您可以主动创作出自己的故事——不论是扮演导师角色，抑或是自己做故事的主角，这些就是第 7 章的内容。

第二篇　怎样讲述故事

在您定义好了主角人物、目标、矛盾冲突以及同盟伙伴、开头、中间和结尾之后，企业面临的首要问题就是：具体该怎样把自己的故事传递给公众。这就是本书的第二篇将要探讨的问题，也就是"计故事"中的"讲述"部分。

在第 8 章里我们来看一看，可以利用哪些人物形象让公众总是能够辨识出品牌。这里要用的是虚构人物还是真实的人物，有哪些榜样，最受欢迎的又是什么样的？

吸引关注、维持关注和奖励关注，也就是 Hook，Hold，Payoff，这是一个故事的生命周期中难度最高的几个挑战，也是第 9 章的主要内容。只有成功弹奏出三重和弦，这三者才能充分发挥效用。借助从《回到未来》到托尔斯泰的各种范例，您将了解企业怎样才能打破常规套路，创造出扣人心弦的故事，同时制造出信息或者娱乐价值。

第 10 章将探讨跨媒体讲故事的错综复杂性，并为您奉上一个指南针以辨明正确的方向。社交媒体以及移动技术的介入让企业讲故事的方式方法发生了急剧的变化。用户不仅仅是在消费内容，他们还在生产和改变着内容。他们彼此交流，并且和企业进行沟通。这里面临的挑战主要是在数量众多的现有论坛以及频道中找出方向，从而不仅能恰如其分地推出自己的故事，而且可以相应地和受众一起制造互动，刺激对方积极参与。

第 11 章要讨论的是怎样才能利用画面激发我们的情绪、将我们带入一场主角之旅，从而让我们变成故事的一部分。不管怎么说，配备了视觉内容的故事一定会吸引更多注意力，人们会更迅速理解、更深刻地记住这一类故事。同时，视觉内容在激发受众积极参与方面也有着更高的成功率。不论是照片还是视频、不管是有声抑或无声，也无所谓是长是短，对企业故事讲述者而言，视觉化的故事叙述是一个不可或缺的手段。

另外的一个挑战则是大数据与讲故事的跨度。这里需要从大量信息中提取精华并且加以呈现，让它们能唤起理解、情感和行动。借助数据讲故事——这是我们将在第 12 章里探讨的主题，企业可以更好地讲述自己所掌握的知识信息，从而把受众从一无所知的世界带入新知识的天地。

第三篇　讲故事还有哪些理由

讲故事这个话题并不只针对能量饮料或者智能手机这一类生活时尚产品，虽然很多主流企业的知名广告都让人产生了这样一个印象。故事恰恰为技术或者利基主题提供了无限的潜能，而其中大部分应用起来也比人们所认为的要更简单。除此之外，讲故事不仅是一个对外的交流工具，同时对人事决策者和企业家普遍有着重要意义。

在第 13 章里您将看到：如何借助故事把枯燥乏味的 B2B 主题、集装箱船运公司、专业地下工程设备或者运输公司良好地包装起来，让即使是完全不相干的人都能被吸引。您将看到只需要为数不多的几个步骤就能把您在这本书里读到的所有内容应用到错综复杂的主题中去。

在雇主品牌方面，也就是在企业内外交流的门槛之上，本书第 14 章围绕企业如何利用讲故事来赢得员工这一主题进行了详细讨论。您在此前所了解的关于大众的需求、企业所扮演的导师角色、主角英雄（在这个情况下指的是企业的员工）以及跨媒体讲故事的一切内容都将在这一章里投射到您最大的一个挑战上来，即人才之争（War of Talents）。

怎样利用讲故事尽可能长时间地留住已有的员工、鼓舞他们、管理好他们，这就是第 15 章将讨论的内容。领导故事有助于传播企业的愿景、价值和文化，这种方式并不是通过法规或者手册来进行管理，却能深入人心、广泛流传，甚至比通过规定来管理要有效得多。

第四篇　企业怎样找到故事

在所有启发、提问和事例之后，如果您仍然在寻找自身企业故事方面有困难，那么第四篇将为您提供最后的助力。

在第 16 章中，您将通过听故事来寻找故事——在这一过程中您将对他人提出正确的问题并运用具体的创造性技巧。

第 17 章将对所有问题进行系统直观的汇总，这些问题您也可以在各章的专栏里找到，它们能帮助您、启发您找到属于自己的企业故事。

《微软故事》

我有幸与《微软故事》的创始编辑史蒂夫·威斯进行过长谈，他的观点完美总结了本书接下来内容的中心要点，那就是：到底是什么成就了一个故事，是什么让主角能吸引人，主角究竟是谁，故事如何产生影响，它们如何推广传播，而复杂的技术性主题又该通过什么方式被塑造得有声有色，讲故事为什么很难与客户和员工分割开来。

在争夺全球最具价值企业的大战中，苹果公司和谷歌母公司 Alphabet 齐头并进，而位列第三的则是微软，该企业也曾独占鳌头，但是随着新潮品牌苹果强势崛起和全球最大搜索引擎谷歌一跃成为当今最重要的媒体，微软这家发源于西雅图的软件制造企业受到了强烈的冲击。现在，在人们以为该企业失去获胜希望的时候，它却重新赢得了公众的欢心、信任和热情。这是怎么办到的呢？下面是史蒂夫·威斯的述说（见图1）。

图1　《微软故事》创始编辑史蒂夫·威斯

我作为故事讲述人的道路起步于报刊新闻的世界。继祖父以及父亲之后，我成为我们家的第三代记者。但是在我的职业生涯之初，我就已经断定：数字化叙事领域正发生着一场大爆炸。对于当时的报刊业而言，这却是惊恐大于机遇，这让我非常沮丧。于是我很快就跳了槽，转而进入数字营销行业。这两个世界的相互结合让我开阔了眼界，让我看到通过哪些方法可以借助故事而不是借助产品的营销说辞来激发顾客的热情。

在微软面对媒体大环境相当艰难的一个时期，《微软故事》应运而生。我们当时刚把 Windows 8 投放到市场，所面临的挑战是：怎样让人们走近我们的企业，怎样让大家不把我们当成老旧过时的古董集团，而是看作面向未来、蓬勃奋进的公司——这也是我们自己内部的看法。我们有一大堆关于创新的故事可以讲，但它们没能引起媒体的注意。因此，我们开始——最初只是星星之火——尝试着办起了《微软故事》。

我们的第一个故事《88英亩》是关于员工达瑞尔·斯密斯的，他是设施与能源主管。他的任务是借助价值数百万的用来测量能源消耗的附件对微软园地的所有建筑物进行改造，好让它们更加节能。达瑞尔却在业余时间研发出了一个软件，它可以发挥所有这些功效而无须进行改建，这给微软公司节省了数百万美元。我们知道了这件事情之后，当场就觉得这是一个非常棒的故事，故事中低调而率直的主人公没有挑拣轻松的路来走而创造出了惊人的成绩。

当我们在网上发表了这篇故事之后，网页的访问量激增，而达瑞尔·斯密斯的邮箱里全都是潜在客户发来的问询。从这时起，我们得到了把《微软故事》做下去的许可。如今，我们有了一支由四人组成的固定团队，分别是我、我的经理迈克尔·万恩——他同时也负责微软新闻网页，还有两名固定的撰稿人。另外，我们也和其他部门共享技术资源以及社交媒体资源。在照片、设计以及视频方面，我们有长期的合作伙伴。

我们的日常工作其实和报刊编辑部非常相似，只不过比较奢侈的一点就是我们整理故事的时间压力要小一些。我们会开新闻会议，而我们的编辑流程也常常让我想起自己刚刚当记者的那段时间。我们就像报刊记者那样走访企业园区，不断地寻找能够代表微软、微软的愿景以及价值观的人物和瞬间。在这个过程中，我们这支规模仍然有限的编辑队伍并不把所发表的故事数量摆在首位，而是注重故事的质量。另外，也涉及很多挺有创意的想法，我一般把它们与广告联系在一起。比如，我们经常开展头脑风暴，讨论一个故事有哪些视觉化潜力以及我们应该如何进行相应的加工。对于有的故事，我们也和设计师进行大量讨论，以便找到最佳版式。

如果涉及故事的对外传播，我们当然从微软已经建立起来的频道中获益良多，从 Facebook 到 Twitter 再到 YouTube。不过，我们非常注重内容与受众的良好契合。一个关于 Xbox 或者 Windows 的故事主要针对的是各个专门渠道中的目标群体。我们并不想要把覆盖面尽可能地铺大，而是想要维持低调并以内容的质量吸引公众。

如今，除了记者，社交影响者、YouTube 明星、游戏博主、设计师、有求职意向的人以及很多其他人士都自动自发地关注着我们的故事。因而，我们的目标是：通过个性化制作的文章为这些目标群体提供各不相同的精彩看点。与此同时，我们很注重每一个故事既要通俗易懂，又要能通过附加的内容来让那些想要深入主题的技术爱好者也觉得很有意思。

不管是内容抑或是雇主营销，最重要的出发点都是对公众的确很有价值的好故事。把一个老旧的案例分析重新包装打扮一番再作为故事推销，这是行不通的。最好的故事是围绕着能获得读者的认同、让人觉得有趣并且真实的人物、主人公展开的。达瑞尔故事的成功要素并不是他在技术方面所做出的创新而是他本人。人们喜欢关注那些谦虚低调、勤奋向上的主人公，想知道他们是如何实现自己的目标的，人们想看到一个人是怎样通过自身的所作所为去改变身边的世界。这就是我在报纸编辑部里学到的第一课，这一点既适用于普遍性的兴趣话题，也适用于企业与企业之间的主题，还适用于内容营销的宣传活动以及每周团队例会中的 PPT 演示。另外，视觉化叙事的作用也不可低估。即使预算很紧，也始终应该好好利用画面的力量。

我们当然也在观察有多少人阅读了我们的文章，他们在我们的页面上又逗留了多长时间以及他们会不会因此而更加深入到微软的网络世界里来。对我们而言，最重要的成功因素是对我们品牌的感受以及如何让我们的受众用另一种眼光来看待微软。

自从我们创办了《微软故事》之后，在社交媒体中发表的有关微软以及企业故事的正面性发言和提及次数都有了显著上升，即便曾经毫不留情的媒体在关注方面也有了极大的改善，我很骄傲，《微软故事》为这一切变化贡献了力量。

我们的故事对其他的企业内部交流部门来说也是一个重要的灵感源泉。我们的一些员工故事也被运用到了招聘会、大学校园里的摊位上以及我们的宣传画册中。给我带来了极大快乐的一个产品是一套精装大开本画册，画册里收录了从头一年的故事中挑选出来的精品，我们把它作为广告牌摆在了微软的各个接待区。

讲故事在微软内部也深深扎下了根。我们定期聚焦于个别的员工以及他们手中不同寻常的项目，这些项目当然也让他们感到自己非常受重视。因为《微软故事》也经常被我们自己的员工使用，所以完全可以自豪地说一句，在用故事让大家始终不忘微软的价值观和愿景方面，我们贡献了重要的力量。员工始终有着清晰的目标，这对积极性与团结合作有着重要的作用。

在进入正文之前我还想简短地针对人称问题说几句：我希望在电影、书籍和企业中，女性不久将能和男性一样频繁地以主角的姿态出现，这样女孩子们就能有越来越多的学习榜样，而我们在语言的表述中也能找到一个更好的解决办法。在本书的初始草稿中我变换使用了不同的人称代词，尝试运用了"主人公或者女主人公"等类似的说法，但不得不承认，方便阅读的确是一个很重要的影响因素，因此，在本书中我在语法上虽然统一使用了男性称谓，但意思上却包括了两个性别。

引用事例 ──────────────────────────

《微软故事》：https：//news．microsoft．com/stories/index．html．

《88 英亩》：https：//www．microsoft．com/en-us/stories/88acres/．

目录

第 12 章

借助数据讲故事 / 216

第三篇　讲故事还有哪些理由

第 13 章

技术和 B2B 主题的叙事 / 239

第 14 章

雇主品牌 / 252

第1章

故事的作用

在今天，企业前所未有地被数据和数字主导。信息技术让我们能够将个性化的信息在恰好的时间点通过终端设备发送给适合的接收者，营销决策已然细致入微。虽然有（或者应该说正因为有）各种数据和分析，但是企业与利益相关者（员工、客户等）之间的交流越来越人性化，至少公众是这么要求的。

当今企业所面对的最大挑战是：在消息和信息的海洋里让自己犹如灯塔一般脱颖而出，自始至终为受众指明方向。企业故事讲得好就能发挥这样的作用，因此，企业讲好自己的故事也就具有前所未有的重要意义。现在的消费者对品牌的忠诚度和关注度都在急速下降。广告变得不再那么重要，因为一方面人们对广告的关注度下降，另一方面即便广告获得了关注，也往往受到质疑，企业甚至会因为广告信息的不真实而遭到攻击，社交媒体早就让公众了解了实情，从狂粉到狂喷，如今的消费者懂得用各种各样的方式来让企业宣传变成全民笑料。

在这样的一个世界里，故事能对品牌产生哪些影响呢？故事能引发人们的关注而不是把信息强压过来；故事能更加长久地吸引人们，而不只是暂时性地引起人们的注意；故事能识别普遍的需求并能借机建立起牢固的目标群体，而不是只针对个别的人；最后，在理想的情况下，故事还能通过启发大众来得到响应，而不是因为传播信息过度而最终被漠视。

在我们走进讲故事的世界之前，让我们先对人类的大脑做一番简短的考察。"故事能否并且是通过什么方式产生效果的？"这个问题并不是一个能以直觉感受的问题，而是可以进行科学验证。我们借助故事来更好地理解、记忆并规划我们的世界，理解了这一点，我们就能明白在被 0 与 1 主导的未来，讲故事到底具有什么样的意义。在我们了解了故事是怎样对记忆、行动和态度产生效用之后，我们就能通过品牌故事对这三者施加影响。

针对注意力的磁引力

如何集中注意力现在已逐渐成为人类大脑的最大挑战。一天当中，除了被我们忽略的一万多条广告信息之外，我们还会制造出两千多个白日梦，在我们每天清醒的一半时间中我们的思维会遨游其中。当我们听故事时，白日梦的数量会降到 0，即使身边存在着千百种可以转移注意力的事情，我们仍然能够专心聆听。这种接近于被催眠的状态很清楚地说明了一点：作为人类的我们实际上并不仅仅喜欢听故事，我们还很需要它。

简而言之，故事就是原因与结果之间的衔接部分。我们的大脑也正是这样来存储一切它所要面对的或者进入到意识中来的信息的。这些微型的故事组成了一幅阡陌纵横的地图，它让我们的行为、经验以及决定变得有条理，也推动着我们的思维、创意和交谈从一个点走向另一个点。我们是如此地需要故事，大脑为了整理归纳我们的经历，有时候甚至会在我们没有察觉的情况下自己虚构出故事来。

在 20 世纪 70 年代，当代最重要的认知神经学家之一、美国人迈克尔·加扎尼加在研究裂脑人时有了一个惊人的发现。裂脑人的左半脑与右半脑之间的连接被断开，他们虽然能够继续正常生活，但认知和行动出现了问题，左右脑的隔离揭示了信息是如何被大脑诠释的。比如，右手有时不知道左手在干什么，更准确地说不知道左手为什么这么干。尽管如此，左半脑仍然试图找到解释，在必要的情况下甚至会杜撰出一个理由来。

大脑可以借助从前的经验来补足所看到的信息，大脑也会以同样的办法用到信息的相互关联中。我们的大脑提出的要求是：一切都要具有意义。它甚至会自动地通过故事来让事物之间产生关联（见图 1 - 1）。

肯德尔·阿文通过下面这个例子对此进行了论述。

- 他走进商店。
- 弗雷德去世。
- 莎朗饿了，并且哭了起来。

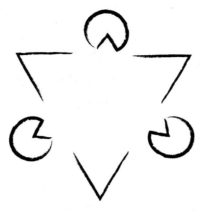

图 1 - 1　图形会被大脑自动补足和诠释

　　每个人对这三句话的理解都是不相同的，但极有可能的是，这几条信息会通过这样或那样的方式被联系在一起：莎朗之所以哭，大概是因为弗雷德去世了？弗雷德是在商店里去世的吗？他本来想在商店里给莎朗买东西吃吗？我们的大脑几乎无法做到不去用这三句话编造出一个故事从而让它们具有逻辑意义。

　　人类会从没有故事的事物中看出故事来，这一现象在 1944 年美国史密斯学院的一项研究中得到了证实。在研究中，34 名大学生观看了一部电影短片。影片中有两个三角形和一个圆圈在银幕上不停运动，同时还会出现一个正方形（见图 1 - 2）。放映结束后，研究人员询问大学生们都看到了些什么。有 33 个人把这些集合图形诠释为故事中的拟人化角色。在调查问询的过程中大家纷纷使用了这样的句子：圆圈显得"忧心忡忡"，小三角是一个"没有耐心的年轻人"，而大三角"既愤怒又无奈"。只有一名学生表示，除了三角形、正方形和圆形他什么也没看出来。

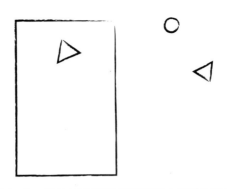

图 1 - 2   1944 年史密斯学院研究中的动画图像

神经经济学家保罗·J. 扎克说，我们对于意义、解释和经验的追寻类似于"车祸效应"，是没有办法直接移开目光的。这不仅仅是因为画面让人震惊，开车对大家来说是一种十分常见的行为，仅仅通过对车祸现场的旁观以及寻思事情是怎么发生的、车内人员情况如何、救护人员是如何行动的等问题，我们开始了又一轮对新关联的寻找，并从中学习在类似情况下自己应该采取怎样的行动。自己的记忆和经历会被我们作为叙事逻辑存储起来，这一认知如今甚至被运用到了机器人以及人工智能的研发领域。

不只是对解释和经验的追寻会让我们的大脑自动地被故事激活，与罗列出来的事实数据正好相反，故事能真真正正地唤醒我们大脑的大部分区域（见图 1 - 3），而这又反过来让我们能更好地记住它们——确切来说，对故事的记忆效果要比对冷冰冰的数据事实好 22 倍。在一个标出了关键点的 PPT 演示中，我们的语言中心会被激活，这让我们能够理解字句，但也仅止于此。故事却会进一步激活我们大脑中真正用来体会所讲述内容的那些区域。提起咸咸的海风，大脑中负责味道或者气息的部分就被激活；说到肢体运动，大脑中负责运动的部分，即运动皮层，甚至会开始预热。

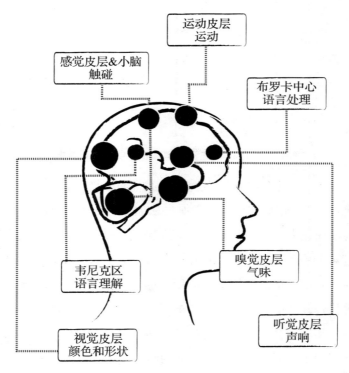

图 1 - 3　各个感官对应的大脑区域

　　通过故事的讲述，大脑就与所述内容结成了同盟，它会身临其境一般去体验故事中所描述的情境。激发这一功能的组织被称为镜像神经元，当一个人旁观另一个人的某些行动时，它们就会被发送出来。当看到别人坐在钢琴旁边时，虽然自己的手并不会动起来，但大脑在意识中会一起演奏。这一"神经耦合"过程即使在只是听到别人讲述某项行为，抑或是在自己讲述时也会启动（见图 1 - 4）。对于品牌故事而言，这一事实的含义可远远不止于此。因为讲述者和倾听者都会触发相同的镜像神经元，通过故事，发送方以及接收方的头脑就实现了"同步一致"。因此，当数百名观众一起看电影时往往会在同一时刻产生相同的感受，这也就不能说是巧合了，我们的大脑是可以进行同步的。

图 1-4　神经耦合

兴趣的电池

故事对我们的大脑而言是一个重要的触发器，能让大脑警醒起来。即使我们的注意力转移到某一点上，也随时有可能再次转移到其他方面而忽略这一点或者对它失去兴趣。那么，是什么让我们挤在一个阴暗的空间里看一部长达 90 分钟的影片，是什么让我们一口气连续好几个小时阅读书籍，是什么让我们在网上观看一部由某企业制作的时长 30 分钟的视频，又是什么让我们从头到尾听完一场15 分钟的关于 3D 打印器官的演讲呢？

讲故事这一模式与枯燥的商务演讲有一个重要的区别点，那就是悬念。说到故事的悬念曲线，就要提到几个非常相似的模式。保罗·J.扎克援引古斯塔夫·弗雷塔格的话剧金字塔构架，并针对一个故事的哪些部分有什么样的效应并会使人分泌出哪些荷尔蒙进行了研究。他得出了这样的结论：当情节从引子渐入高潮并在冲突与危机的推动下向前发展时，人的大脑分泌出的紧张荷尔蒙——皮质醇——随之增加（见图1-5）。其中的生理原因是我们进入了单纯的求生模式，而皮质醇能让我们在艰险的情况下保持镇定，特别是让我们可以更好地集中注意力。

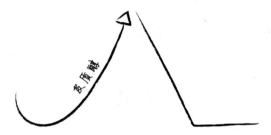

图1-5　当情节渐入高潮时的皮质醇分泌情况

　　如果说刺激的故事让人情绪紧张的话，我们又为什么能够接受这些故事呢？原因就在于故事的最后部分，换句话说就是典型故事结构中的最后一个环节，即问题得到圆满解决的大结局。这种"解除悬念"能触发边缘系统——也就是我们大脑内部的奖励中心——分泌出幸福感荷尔蒙多巴胺。随着大团圆结局的到来，我们将会真真正正地感到快乐并且变得乐观。

　　因此，通过讲故事可以长时间地吸引人们的注意力；借助富有悬念的故事情节和人物角色有时甚至能将这一效果维持很多年，比如电视连续剧。在关注时长缩短、品牌忠诚度下降的时代，这一点对企业维系受众、引起受众的兴趣尤为重要。

需求的镜子

在早期的市场营销中，与唤起需求联系在一起的常常就是唤起或大或小的恐惧。如果咖啡只被喝掉一半，那就说明顾客不怎么满意，只有选用正确的咖啡品种才能解决这一问题。

讲故事的目的——同时也是它的重要组成部分——在于识别并且理解受众的需求。感受目标群体的感觉、愿望和体验的能力就是移情心理，在今天，它是企业以及传播者最重要的社会能力之一。借助故事可以在公众、故事讲述者以及故事内容之间建立起一种情感连接（见图1-6）。在这个基础之上培养起信任感，企业的信息会被公众认为是可信的。

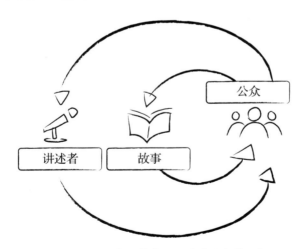

图 1-6　讲述者、故事以及公众之间的理解

公众要理解主人公的需求

　　故事能刺激我们的身体分泌出多种荷尔蒙，其中除了皮质醇和多巴胺之外，还有一个成分，它叫催产素，它能够让我们在看到可爱的小猫或者小孩的图片时产生喜爱之情。情感信息能借助这一化学物质产生影响，从而使得我们能够被打动，也能产生归属感、慷慨之情、同情之心，因此，在面对他人时我们可以感同身受地体会对方的需求。不管是小猫也好小孩也罢，能否利用移情心理让受众做到感同身受，这在极大程度上决定着故事能否被大家接受。只有我们能够理解主人公的所作所为，能够明白他的目标、他的困难、他的长处和短处是什么，我们才会有兴趣投入到他的世界中去继续关注这个故事。因为催产素对我们的感受力有着强烈的影响，所以保罗·J. 扎克也把它称为"道德分子"。随着情节越来越紧张，我们也越来越设身处地地进入到主人公的情境，在危急关头，我们的手掌甚至会出汗，心跳也随之加速。

公众要能理解讲述者

　　我们在上文中讲过的镜像神经元在这个时候会立即启动人们的反射以及无意识的大脑活动。这一神经耦合被故事激发得越强烈并且维持的时间越长久，这个故事在公众中所唤起的情绪和移情心理就会越强烈，而这些感受不只是针对故事本身，它们也是冲着讲述者去的。在后面的章节里我们还会进一步讨论这个话题：讲述者在内容营销中往往根本不是企业自身。内部交流能否顺利地进行——特别是在直接接触的场合，比如谈话、演讲或者是员工恳谈，更是取决于听众能否与演讲者或者谈话对象建立起连接。在这样的交流过程中，听众是否认同讲述者并非关键因素，关键在于他们能否理解讲述者的动机并且做到感同身受。这就意味着在面临危机时，西装革履的CEO也可以借助好故事进行一场演讲来激励500名生产车间工人，前提是他能够让大家理解自己的动机。如果讲述者能坦诚说出自己内心的以及外部所面临的挑战、阐述自己的动机，那么听众产生同感的概率就会更大。

与其他生物相比，人类彼此之间的社交关系是最多的，人类还是唯一能以故事为基础建立起相互关系的物种。当弄清楚了对方是从什么地方来的、从事什么职业、想要达到什么目标而前进的路上又会遇到什么样的障碍，陌生人就会变成朋友。

公众要在故事里看到自己

在前文中我们已经讲过镜像神经元和神经耦合可以让讲述内容与听众的以及讲述者的大脑活动协调同步，但我们不能因此就误以为公众中的每一个人都会看到、听到、读到完全相同的东西。大家虽然极有可能对基本的动机和意义有同样的理解，但每个人会把同一个故事的细节与自己的个人经验、价值和态度联系在一起。脑中产生的画面越多，越会更加紧密地与各自的人生联系起来。

"2005年夏天，我开始了第一份正式工作。在闷热的清晨，我挤进人满为患的地铁与若干上班族为伴。办公室空调里吹出的冷风清新怡人，同时也让人心惊胆战。"这一段简短的开场白可能会引发很多相似但又非常个人化的联想，这就与故事建立起了联系：新工作的第一天；不想汗流浃背地进办公室，就得忍受令人窒息的地铁；进入降温过度的办公室的那一瞬间；2005 年的夏天。要把握好度，也就是说为形形色色的大众留出充足的空间，并提供恰当的细节，让听众能把听到的内容转变为自己的故事并在故事中看到自己。

讲述者要理解公众

企业所面对的最大挑战在于：借助讲故事为大众立起一面镜子，让他们能从镜子里看到自己。不过，企业怎样才能知道故事究竟应该反映出什么东西呢？这就涉及故事的影响力。倾听人们在谈论什么、他们在讨论哪些故事，听故事（storylistening）对品牌和领导层来说与讲好故事同样重要。

想要拉近目标群体的传统尝试——比如生活方式类型学和买家角色等——都只是冰冷的数据事实。企业的决策者也需要借助故事来记住更多的细节、让自己更好地与目标群体同步一致，并最终能更好地理解目标群体的动机、需求、价值观以及观点和态度。倾听故事是成功讲好故事的基本前提。

真正行动的跳板

皮质醇（负责在紧张刺激状态下集中注意力）、催产素（负责在受到情感刺激时能够感同身受）以及多巴胺（在故事结局时能产生幸福感）这些神经化学元素与荷尔蒙对我们的日常行为会产生什么样的影响呢？

保罗·J. 扎克重点研究了皮质醇和催产素的效用。他给参加试验的人员演示了一小段关于一位父亲和他罹患癌症的儿子的故事，然后告诉众人可以把自己获得的酬金捐出去一部分。那些听完故事后分泌出最多皮质醇和催产素的受试者就是捐出了最高金额的一批人。扎克的确做到了借助催产素的分泌量来预知各个受试者将会捐出多少钱。

"我们的调查结果解释了为什么小狗和婴儿会出现在卫生纸的广告中。研究表明，广告主运用相应的画面让我们的大脑分泌出催产素，其目的是让观众对产品或者品牌建立起信赖感，并最终刺激营业额。"保罗·J. 扎克是这样认为的。

不过，压力荷尔蒙皮质醇也扮演着至关重要的角色。一段描述父亲与身患癌症的儿子在公园散步的 100 秒钟的视频产生的影响等于零。因为这里头什么事也没有发生。因此，对成功的故事而言，悬念曲线、冲突和危机与对人物角色的移情关系是同等重要的。

故事对我们的行为能产生哪些影响？让我们先要面对这样一个问题：作为人类的我们为什么要讲故事。从山洞壁画的远古时期直到 21 世纪，讲故事最重要的功用是交流经验、让我们为现实生活做好准备。故事就像一份目录，替我们给自己尚未经历过的情况罗列出各种可行性应对措施，又或者可以说它是"我们大脑的飞行模拟器"。奇普·希思和丹·希思在《粘住》(Made to Stick) 一书中以消防员为例进行了论证。在每一次行动之后，消防员大多以讲故事的方式来分享各自的经历而不是列数据、摆事实。在进行了长年累月的经验交流之后，他们就从思想上体验了大量自己未曾遇到过的艰险情境，从而在脑海里积累了一系列相应的应对措施。从思想上对各种问题加以研究可以帮助我们在现实生活中更好地克服它们。奇普·希思和丹·希思把故事对我们行动的影响恰如其分地总结为两个层面：故事既创造了情境模拟（让我们知道可以采取什么样的行动），又提供了灵感启发（激励我们采取行动）。后者又将我们带回到多巴胺了。当我们听了一个好故事之后，我们不会保持被动，而是会站到"积极行动"这条起跑线的后面去。

关注—兴趣—需求—行动

如果提及广告信息的效用，就要说到近年来被摆到试验台上的 AIDA 模式。通过讲故事的确能够重新置换该模式的四个阶段，即关注（attention）、兴趣（interest）、需求（desire）以及行动（action）。在 20 世纪的传统市场营销中，这四个阶段都发生在产品的运行轨道上，如今它们围绕的中心则是内容。AIDA 模式也许因为它的简单化而无法迎合所有人的口味，不过，要阐述讲故事在企业交流中的影响和重要性，还是有不少简单、巧妙的构想可供参考的。

事例：独特物品

讲故事是很有用的。对于那些不相信荷尔蒙和大脑活动而更信赖营业数字的人，接下来有一个例子可以打消他们的疑虑。

鲍勃·沃克和约书亚·格伦在他们的"独特物品"实验中有力地证明了讲故事对于平平无奇的商品能产生什么样的影响（见图1-7）。他们在eBay上拍卖了事前从废品店和跳蚤市场上买来的一些东西，其中有一个桶、一个溜溜球、一片印有数字"4"的瓷砖等。前面100件商品的购入价平均为1.29美元，平均售价为36.12美元。这个28倍的价格差到底是怎么来的？所用的方法就是讲故事。这两位实验发起人聘请了专业撰稿人为每一件物品杜撰了一段叙事性文字。在撰稿人看来，这些物品购入和售出的价格差恰恰体现了故事的客观价值。

图1-7　"独特物品"：排箫

这些物品中有一把原价为1美元的塑料排箫，女作家德普·欧林·安菲斯为它撰写的一则故事让这个排箫以63.50美元的拍卖价成交，其内容如下：

　　我曾经在非洲的一个小国家里担任大使。对于外交官而言，这是我的梦想：成为大使，至少是一次，哪怕只有一小段时间。我们中的很多人都得到过去东方或者非洲国家出使一两年的机会，而我们也都欣然上任了，因为这实现了我们的人生目标。然而，大多时候都没有什么特别的，时间很快就会过去，而我们则前往其他地方。我们又成了外交官员，如果在派对上谈起我们的光辉时期，则可以压缩为一句话："哦，我曾经在那里当过大使，为期一年半。"在会议上会这么介绍："如果我没记错的话，在我做大使的时候，巫术在北方地区还有着相当的势力。我认识一个人，他坚信自己的女儿变成了一棵树。"或者，当我和妻子的女性朋友们聊天时会说："这把排箫？哦，对了，在我做大使的时候，那个国家的王子为了把它交到我手里一连骑了两天的骆驼。我不知道他是从哪里弄来的。知道吗，他们喜欢塑料制品。我怎么看？塑料曾经是一个真正的革命。"

事例：为你清道

BSR，即柏林市清洁部门，在 20 世纪 90 年代末期曾经面临极大的形象危机。市政府曾考虑过把 BSR 私有化。勒内·海曼是创意品牌顾问机构 HEYMANN BRANDT DE GELMINI 的总裁，也是 BSR 著名宣传活动"为你清道"的主要负责人——这场活动的宣传海报至今仍装饰着柏林的招贴墙、垃圾车、垃圾桶（见图 1-8）。他对当年所面对的挑战是这样描述的。

BSR 希望通过一次宣传活动来"教育"柏林居民不要随地乱扔脏东西，因为 BSR 虽然会定期清扫大街，但无法一一清除所有垃圾。因为大家不注意卫生，柏林的人行道变得非常脏。仔细观察之后能清楚地发现，这个问题的核心在于市民的态度。

当你随手把纸巾扔在街道上，如果提醒你注意的人是你的朋友

图 1-8　BSR 广告宣传"为你清道"

而不是陌生人，那么你的愧疚感会稍多一点。面对陌生人的提醒，典型的柏林式回答则是："你没事闲的吧？"通过这样的一个比较就能非常清楚地看明白问题，如果我们对柏林市民说"请把垃圾扔进垃圾箱"，不管我们说话的方式多么有创意，仍然不会有人理睬，但如果说话的人是自己的朋友，那大家就会注意了。

　　为了给 BSR 的对外宣传找到创意，我们在清晨六点出发来到垃圾场，在清洁工还没有开始清除垃圾、上街打扫的时候和他们聊了聊，交流一下想法。当时的领导认为员工们没有认真负责地做好清洁工作，因为街道上相当脏乱，但问题其实是：BSR 并没有制造垃圾，而是清理垃圾，制造垃圾的是市民。当时我们与某家市场研究所共同进行了一次问卷调查，我们提出了这样的问题：谁应该对公共场所的街道清洁状况负责？是物业管理者、屋主、居民、柏林市，还是 BSR？80%的受访者把责任归咎于 BSR。这与事实是相违背的，可当时的观点还真就是这样，人们说："我们是允许把垃圾扔到街上的嘛，这是清洁工的工作，而且我们交了税来支付他们的工资。"

因此，我们几乎完全肯定，"我们是好人"这种程度的交流是不够的。然后，我们制定战略，利用了一个社交性质的手段：如果我帮助一个朋友走出困境，又或者帮他整理好他自己弄出来的一团糟的局面，那么大多数时候对方不仅仅有感激之情，还会产生想要做出补偿的心理。于是，广告要传递的信息就从"请把垃圾扔进垃圾箱"换成了"交给我们来办"，并始终与幽默相结合，同时也要包含服务承诺。比如口号"Saturday Night Feger"（周末夜大扫除，谐音电影名《Saturday Night Fever》）就是一项承诺："当其他人开派对的时候，我们把大街清扫干净。"这里的战略就在于：我们把BSR变成了柏林人的朋友。

收效是相当好的，在宣传活动开始了 11 个星期之后，人们的观念发生了极大的变化。此前大约有 60％的人认为 BSR 的工作做得不好，而宣传活动开始后却产生了截然相反的观点：将近 60％的人认为街道比原来干净了。实际上，街道并没有比原来更干净或是更脏，只不过人们的想法改变了，因为大家突然之间收到了正面的反馈，另外，还随处可见身穿橙色工作服的清洁工人的身影。

这也和神经营销有很大的关系。画面和故事能刺激多巴胺的分泌，并会有选择地激发出不同感受，这样就可以对 BSR 的正面感受加以引导，将橙色的垃圾车与宣传活动所传达的讯息联系在一起，而且宣传活动推出的新口号也极大地引起了人们的关注。

引用事例 ————————————————————

史密斯学院关于几何图形短片的调查：http://www.jstor.org/

stable/1416950.

　　保罗·J. 扎克调查中的父亲与身患癌症的儿子的小故事：
https://www.youtube.com/watch? v=DHeqQAKHh3M.

　　独特物品：http://significantobjects.com.

　　从清洁工到偶像：http://www.hbdg.de/kampagnenelement/
wir-bringen-das-in-ordnung/.

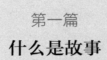

第一篇

什么是故事

第 2 章

什么是故事

在我们开始探寻如何讲述品牌故事之前，让我们先仔细地看一看我们到底在寻找什么、是什么成就了一个故事。年终大会上对营业数据的照本宣科与苹果公司已故创始人史蒂夫·乔布斯在斯坦福大学的演讲有什么样的区别？为什么多芬广告"真实的美丽"能被作为品牌故事的典范，而欧莱雅的"你值得拥有"广告却没有达到这个水平？为什么我们不在乎漏看了几次电视新闻节目，新一季的热门连续剧开播时却追得停不下来？哪些佐料能够让叙述变得很有故事性而不仅仅是按顺序罗列的事实？实际上，这并不在于佐料，而主要取决于烹调的方法和形式。史蒂夫·乔布斯演讲中的大部分内容也是由事实构成的，而多芬广告更是和虚构完全无关。

五幕式戏剧

"一个整体是拥有开头、中间和结尾的。"不管是古代的露天剧场还是电视台的节目，亚里士多德于公元前335年在他的《诗学》中提出的论断至今仍然是所有故事的基础。它听上去兴许平平无奇，但很多故事正是因为缺少了其中的某个部分而没有成效。

不过，文学家和剧作家并不止步于此，他们继续追寻着——往往也是在亚里士多德论断的基础上——普遍通用的故事形式。在将近2200年之后的1863年，古斯塔夫·弗雷塔格出版了《戏剧的技巧》一书。在这本书中，他分析了从古代到莎士比亚时代的一大批经典戏剧，借此阐述了自己的金字塔模式（见图2-1）。

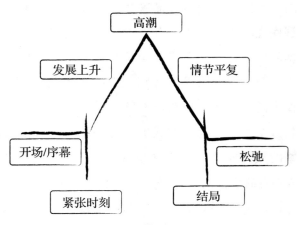

图2-1 弗雷塔格的金字塔

开场/序幕

开场介绍时间、地点以及重要角色，并预告矛盾冲突或者描述主人公的目标是什么（见图 2 - 2）。观众将感受到故事氛围，也会对角色之间的关系有所了解。所谓的紧张时刻则制造出矛盾冲突，并推动情节向前发展。

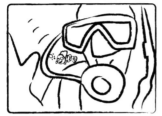

图 2 - 2　《海底总动员》和《星球大战》的序幕

《海底总动员》

我们认识了尼莫、它的父亲玛林以及多莉，同时也了解到，玛林为什么在教育尼莫的问题上会谨慎过度（尼莫的母亲以及其他的鱼卵都被梭子鱼吃掉了）。当尼莫被潜水员抓住的时候，紧张时刻出现了。

《星球大战》第四部

光是那些飞入的文字就将我们带向那"很远很远的缥缈宇宙"、带入到义军组织和帝国之间的恩怨过往之中。当欧比旺和卢克通过 R2-D2 收到莱娅公主发出的消息时，新的冲突开始了。

复杂化/激化

在第二幕中，矛盾被激化，紧张感也随之加剧。障碍和困难纷纷出现，对人物的目标构成威胁。在非主线内容方面，还可以看到其他角色之间的矛盾冲突（见图2-3）。

图2-3　《海底总动员》和《星球大战》：激化

《海底总动员》————————————

玛林和多莉动身去寻找尼莫。

————————————

《星球大战》第四部 ————————————

天行者卢克从欧比旺那里学习"原力"。两人和汉·索洛还有丘巴卡一起出发去奥德兰拯救莱娅公主，但被死星的牵引光束捕获。欧比旺在与达斯·维达的搏斗中被害。

————————————

高潮

第三幕，也就是高潮部分，出现了转折点（见图2-4）。这对主人公而言可能意味着一切都会变得更好，或者更坏，这取决于我们是在看一出传统的喜剧还是典型的悲剧。

图 2-4　《海底总动员》和《星球大战》：高潮

《海底总动员》

尼莫成功逃出水族箱。

《星球大战》第四部

卢克和莱娅逃离死星。卢克和义军组织摧毁死星。

回落/情节平复

　　主角和对手之间的斗争逐渐分出胜负。现在的主角也许胜利，也许失败。在第四幕里有着这样或者那样的平复时刻，这让冲突延展开来，让结局更加难以预料（见图 2-5）。

图 2-5　《海底总动员》和《星球大战》：情节平复

《海底总动员》

尼莫动身返家。与此同时，玛林放弃了寻找儿子，并因此和多莉争吵起来。不愿放弃寻找的多莉偶然地遇到了尼莫，但并没有马上认出它来。不过，两人接着就去寻找玛林，多莉在途中误入渔网。在试图救出多莉的过程中，尼莫看似死掉了。

《星球大战》第四部

义军组织众人返回总部，卢克加入了他们，达斯·维达脱逃。

灾祸/结局

戏剧在第五幕结束，在这一幕里，主人公实现了目标（喜剧）又或者失败了（悲剧）。矛盾冲突现在已经解除，所有人都返回到正常的生活。情节缓和下来，而剧情中最后的尚未解开的结也将得到说明（见图 2-6）。

图 2-6　《海底总动员》和《星球大战》：结局

《海底总动员》

尼莫、玛林和多莉彼此谅解并一起返回家园。

　　因为《星球大战》从一开始就是设定为三部曲形式，也可以说实质上的缓和情节要到第六部才会出现，也就是在所有人——包括欧比旺、尤达和天行者阿纳金/达斯·维达的鬼魂——共同欢庆战胜了帝国的时候。

　　从莎士比亚到《星球大战》，在这种五幕剧模式的基础上不断产生过成功的故事，但是以金字塔的模式来讨论是颇有误导性的，因为事件的时间顺序会有变化，高潮有可能延后并会构架出多个紧张时刻，类似于图 2-7 所示。

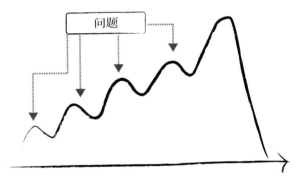

图 2-7　一个故事中的多个紧张时刻

　　可是，同样的模式是否会在品牌信息中被打破呢——比如在一个时长 30 秒的视频短片中？对此，约翰·霍普金斯大学市场营销教授基斯·凯森伯力通过动态图像广告中的王者原则对超级杯大赛中场时间的 108 则广告进行了分析。为了验证从中得出的结论，他在 2014 年秋季就预测了 2015 年 1 月的超级杯赛事中哪个广告将会获得最大成功，而事实证明他的预测非常正确。

凯森伯力和同事迈克尔·库森对这 100 多则广告的分析是从性感外表、幽默感、情感、名人推荐、可爱动物以及戏剧性结构等各个方面展开的，同时还将这些因素与广告的排名进行了比较。最成功广告的秘密成分既不是可爱的动物也不是性感的明星——至少，无法找出与优秀广告或劣质广告相关的某种固定关系。起决定作用的是一个广告中有多少幕戏，而这一数值即便在短短 30 秒之内也是能被识别出来的。一个广告所能包含的弗雷塔格金字塔因素越多，它就越能受到公众的欢迎。也就是说，如果一个故事从开头到回落拥有的剧幕越完整，它就越是值得投入 400 万美元来争夺本年度最佳广告的宝座。

在 2015 年度超级杯大赛的广告排名以及问卷调查中获胜的是百威啤酒的一则广告，内容是关于一条小狗和一匹马之间的友谊（见图 2-8）。这一则名为"小狗迷途"的广告是从介绍某家农场的各个角色开始的：那里有一条小狗和一匹马，即使没有语言也能清楚地看出它们是很要好的朋友，另外还有它们的主人（开场）。

好奇心重的小狗某天跳上了一辆货车，却无意中被关在车里面被带走了（紧张时刻）。这时，剧情开始激化：当小狗从货车上逃出来之后，它不得不在大雨滂沱的夜晚穿过城区、田野往家里跑。与此同时，主人也开始四处寻找小狗。

在即将到达目的地、已经可以看到自己家的时候，小狗遇到了一头狼（高潮）。危急时刻，它的好朋友马飞快地赶来救援并赶走了狼。

图 2-8　百威广告《小狗迷途》

　　在剧情平复到结局这一阶段中，主人、小狗和马重新团聚在一起。

　　五幕的形式在莎士比亚广受欢迎的作品中早已得到广泛运用，它一直被沿用至今，并与我们的身体反应有着密切的联系。紧张的时刻、情节的发展以及故事的高潮制造了刺激（皮质醇），而随着情节的缓和以及结局的到来，我们则得到了松弛（多巴胺）。

"在超级碗比赛中，30秒的广告俨然就是微型电影"，凯森伯力如是说道。故事能否获得好感是社交媒体时代决定广告寿命的重要因素。《小狗迷途》不仅在赛事期间短暂地吸引了观众的注意力，它在YouTube上的播放量也超过300万，百威也就无须再追加一次400万美元的投资了。

约瑟夫·坎贝尔的英雄旅程

五幕式戏剧解释了一个典型的故事悬念曲线是如何展开，又是怎样吸引住公众的。但它没有说明——至少没有详细地说清楚——公众是要分享谁的激情、他们的好感和同情是针对谁，其理由又是什么。这些问题对于讲述品牌故事尤为重要。企业要在故事中反映出目标群体的需求，从而让人们能对企业的价值观和想要传达的讯息产生认同感。激发出同理心是最重要的目标，不管从哪个方向来说都是如此。

那么处在我们同理心的中心的又是谁呢？约瑟夫·坎贝尔研究了人类的很多著名的神话和故事，找到了一条始终以故事中的英雄及其旅程为导向的准绳。英雄旅程是一种极有影响力的模式，它阐明了蕴藏在故事以及故事主角背后的动机。以《星球大战》的创造者乔治·卢卡斯为例，他就有意识地遵循了这一结构，从而创作出了当代最伟大的传奇故事之一。英雄旅程一共分为17个阶段——大部分都是以时间为顺序的（见图2-9）。

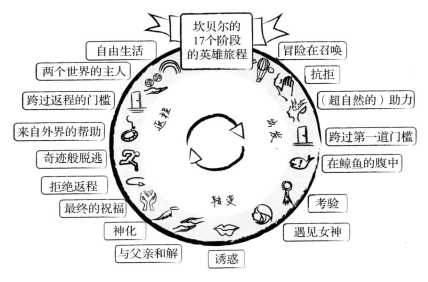

图 2 - 9　约瑟夫·坎贝尔的主角旅程模式

出发

故事的第一个部分与金字塔模式里的序幕是重合的，这时的主角不得不离开他所熟悉的环境。观众们从这一部分内容里了解到主角迄今为止的正常人生中有什么样的重要事物、他离开的动机是什么，而这又会给主角带来什么样的恐惧和不安。

1. 冒险在召唤

在故事开头，主角和他的世界越是接地气，就越容易获得观众的认同。不过，大冒险很少会发生在他最为熟悉的家园里。因此，主角感受到了来自外界的召唤，从而必须走出他的普通人生。这种召唤可能是一个请求、一种威胁、一个问题、一项新发现之类的事情。大多数情况下也会有某种可以激励主角斗志的奖励，它有可能是主角深爱着的人的心，也可能是荣耀和正义，又或者是通过与恶势力作斗争而换来的家园安宁。不管是中土世界、遥远的银河还是黑客帝国，这场冒险大多是在一个危机四伏的陌生世界里展开的。这也是为什么主角多半会犹豫是否要遵从这一召唤的原因。

《奥德赛》

奥德修斯和他的妻子珀涅罗珀以及刚出生的儿子忒勒玛科斯一起生活在伊萨卡。在特洛伊对希腊发起进攻之后，奥德修斯不得不领军前往特洛伊。

《星球大战》第四部

卢克和他的叔叔、阿姨一起住在塔图因星球上，平日里帮他们干活，但他实际上梦想着成为飞行员并飞往遥远的星球。从新购买的两台机器人那里，他接收到莱娅公主发给欧比旺的消息。这就是对主角的最初召唤：拯救公主和宇宙。

2. 抗拒

主角的第一反应往往是不听从召唤，这可能是源于恐惧心理，也可能是他觉得家人更需要自己；有时候，他们始终无法看清楚问题的重要性，对观众而言，这就是第一个悬念时刻。这除了让观众对主角的犹豫不决感到无奈之外，又会让他们对主角产生认同感，因为面对危险时的犹豫是非常人性化的。

但通过自己的思索、外界的事态或者一位导师的说服，主角还是认识到，踏上冒险的旅途是自己必须完成的任务。正因为有了这第一个决断，普通的主人公才转变成一位英雄，他在观众眼里也同样成了英雄。

《奥德赛》

因为刚刚有了一个儿子，父亲的天性让他在去留之间挣扎不已。

《星球大战》第四部

卢克觉得自己有义务留在叔叔身边、留在农场，于是他回了家。但这时，他的家人已经被帝国军队杀死了。

3.（超自然的）助力

主角现在获得了装备、知识或物件等不同形式的助力——有时还是魔法物品，他用这些武装起自己来应对将要面临的危险。在有些时候主角是单凭自己找到这些助力的，但在多数情况下是从一位睿智的导师那里获得的。导师这个角色的主要作用常常就是让主角树立起自信，并且为他的英雄旅程初步指明方向。陪伴在英雄身边的还有志同道合的好伙伴，他们在冒险途中为英雄提供支持。不过，只有导师的帮助和同伴的支持还不足以克服整个冒险旅程。

《奥德赛》

女神雅典娜在奥德修斯的旅途中给予他保护和指导。

《星球大战》第四部

欧比旺交给卢克一把激光剑，向他说明了什么是"原力"，并传授他技艺。卢克在旅途中还得到了汉·索洛、丘巴卡和莱娅的支持帮助。

4. 跨过第一道门槛

当主角把自己的决定付诸行动、出发上路时，他就不能回头了。他第一次离开了自己所熟悉的环境，走进了一个规则迥异、危机四伏的未知新世界。把命运掌握在自己手里并且改变自身，这是主角解放自我、成为英雄的关键性一步。为了让他甩掉所有犹疑而迈出第一步，在跨过这道门槛时通常还会遭遇一个守门人或是碰到某些麻烦。

《奥德赛》

在长年征战之后，奥德修斯开始扬帆返航。

《星球大战》第四部

卢克和欧比旺在太空港莫斯·艾斯利相遇。在这里，卢克结识了好伙伴汉·索洛和索洛的忠实同伴丘巴卡。在一间酒吧里，卢克遭到攻击，但欧比旺和汉·索洛帮助他脱离了困境。最终跨入新世界的一步开始于乘坐汉·索洛的座驾"千年猎鹰"号从塔图因驶往奥德兰星球的航程。

5. 在鲸鱼的腹中

从《圣经》约拿和鲸鱼的故事衍生出了英雄被困在雄狮之穴的桥段。如果战胜了这个神秘而危险的世界，得到的奖励将会是新的知识技能。

《奥德赛》

为了惩罚希腊人的傲慢，众神掀起一场风暴让他们陷入迷航。于是，他们的命运就被交到了海洋以及愤怒的海神波塞冬的手中。

千年猎鹰号被死星发出的一束牵引光束"吞入腹中"。

───────────────

转变

随着冒险历程的展开，主人公开始发生转变。通过一系列的考验、战斗和挑战，他成为一位英雄。这时，一直以来被埋藏在他曾经熟悉的世界中的真实个性被凸显出来。

6. 考验

为了让英雄成长起来，同时也为了让观众在漫长的旅程中不觉得无聊乏味，路途中还会安排一系列的考验，它们一个比一个艰难，从而让紧张感节节攀升。在克服了一些艰难险阻之后，英雄会获得新的辅助工具或者同行的新伙伴。两种最为常见的战斗是兄弟之争和巨龙之战。在与兄弟的斗争中，对手是一名老熟人，他或许是英雄的家人，也可能是一位好友。这种形式的对战大多情况下也象征着英雄与自身的或者是性格中的阴暗面进行对抗。而对抗巨龙的战斗则象征着与未知和强大的陌生力量进行的搏斗。

《奥德赛》 ───────────────────

整部《奥德赛》描述的就是一场接一场的考验，比如机智地战胜了独眼巨人波吕斐摩斯、海妖塞壬，穿越了海怪斯库拉和卡吕普索的领地，不一而足。

───────────────

《星球大战》第四部

在死星上，卢克和他的同伴们得知莱娅公主被囚禁在这里，于是克服千难万险前来营救她。欧比旺与达斯·维达展开了一场兄弟决斗式的对战，并为卢克牺牲了自己的生命。

7. 遇见女神

英雄遇到了一名女性角色，她改善了他的弱点、补充了他性格中的不足，同时给予他支持并为他指明方向。这可能是一段爱情关系，也可能是像姐妹或者母亲那样的亲情。这个女性形象可以是一种神话生灵，也可以是一名让英雄产生牵绊感的普通女子。如果主角是一名女性，那么这里出现的则是一位男神。

《奥德赛》

遇见女神是奥德修斯的本来目的，因为他想要回家、回到珀涅罗珀的身边去。但在一路上，他遇见了好几位扮演着类似角色的女性，比如女魔法师格尔克，他甚至还在格尔克的岛屿上生活了一年，对方为他提供了保护并为他接下来的旅程出谋划策。

《星球大战》第四部、第五部和第六部

卢克自从第一次收到莱娅的全息影像消息后就对她产生了仰慕之情。她神秘的风姿和她的领导角色补足了他天真好奇、比较浮躁的性格。在得知莱娅是他的妹妹之后，两人之间的关系变得更加牢固了。

8. 诱惑

除了女神之外，主角通常还会碰到另外一种女性，即诱惑者。她通常体现的是物质或身体的诱惑以及短暂的享乐，她们会把主角的注意力从他的使命上引开，并向他证明那是不值得为之奋斗的事情。因此，克服或者逃离这些诱惑就是对英雄的个性以及他的正直感的一项重要考验。这种诱惑可能是源于自身，也可能是对手故意送上来的。即使是女神也有可能在一定程度上代表着某种诱惑，但大多是出于善意的，是为了借助这样的考验来坚定英雄的意志。

《奥德赛》

除了在卡吕普索的岛屿上滞留了七年之久以外，格尔克以及在她的小岛上度过的平静生活也是奥德修斯返航道路上的巨大诱惑。直到被船员们迫切催促，奥德修斯才继续踏上回家的旅程。

《星球大战》第四部和第五部

卢克和汉·索洛都被莱娅的纯真魅力转移了注意力。而原力的黑暗面也在某些时刻对卢克短暂地形成一种诱惑。

9. 与父亲和解

父亲的形象对英雄而言是一个很矛盾的角色。一方面，英雄想要获得父亲的认可；另一方面，他却在奋力想要取代或者推翻对方的地位。充当"父亲"这个角色的也可以是一名极有威信和权力的人。如果能战胜这个人或者与他达成谅解从而获得他的力量，那么英雄的威力将几乎无人能及，并且让自己接过最高领袖这一角色。谅解的形式也可以是英雄认识到自己的错误或弱点，并且述说给同伴们听。

《奥德赛》

在被困于卡吕普索的岛屿上时，奥德修斯回忆了自己以往的行为，并认识到了自己的错误。直到他有了这些认识之后，众神——除了波塞冬——才愿意施以援手。后来，他在去地狱寻找预言师泰瑞希斯时遇到了自己母亲的魂魄，太过思念儿子的她心碎而死，同时他也碰到了在途中丧命的一位同伴的鬼魂。在这里也有了一次相互的谅解，奥德修斯和两位逝者彼此体谅讲和，这时，对奥德修斯的命运有着更大掌控力的预言师泰瑞希斯就出现了。

《星球大战》第五部

在《星球大战》第五部《帝国反击战》中，卢克自己也与达斯·维达进行了一场对战，同时他得知，对方是自己的生父。

10. 神化

在英雄通过了所有的考验、抵制了所有的诱惑并且证明了自己并不逊色于"父亲"之后，他就完成了一次成为"更高级别"生灵的转变。一个完美的、光芒万丈的英雄就此诞生，他透彻地理解了这个新的世界，并能够向新世界证明自己的尊严、高贵。带着这样的认知和饱满的献身精神，英雄踏上了冒险旅程的最后阶段。他的这一转变也常常伴随着外表上的改变。

《奥德赛》

奥德修斯从地狱返回并且得到了泰瑞希斯的建议，此刻的他取得了神一般的地位。

《星球大战》第五部

卢克宁愿牺牲自己的生命也不愿意堕入"原力"的黑暗面。在与达斯·维达的决斗中，他失去了一只手，后来换上了假肢。通过这一身体上的改变，他与自己的父亲在生理上更为相似。

11. 最终的祝福

故事达到了高潮，悬念到达了最高点。冒险的召唤最终得到了圆满的回应。终极对手被打倒，或者是最终的挑战胜利通过。

《奥德赛》

奥德修斯唯一的目标就是重新回到家乡伊萨卡。但在抵达伊萨卡之后，他发现自己的权力受到了威胁。于是，他最终杀死了所有趁他不在时追求自己妻子、企图取代他的背叛者。

《星球大战》第五部

卢克学会了信任"原力"，并且成功运用"原力"命中死星的要害从而摧毁了它。

返程

改头换面的英雄在凯旋之后要返回他曾经的生活圈子。但是，这条道路上仍然潜伏着阻碍。

12. 拒绝返程

曾经充满恐惧的新世界在英雄的眼中已经发生了变化，现在的他在新环境中自在适意，并且找到了自己的位置。在经历了这一切冒险之后，他更愿意去迎接新的挑战，而不是返回单调乏味的旧生活天地。

《奥德赛》

在抵达伊萨卡之后，他不愿泄露自己的身份，因此装扮成一名老人。直到遭遇背叛者，他才逼不得已地告诉珀涅罗珀自己是谁。

《星球大战》第五部

在莱娅公主获救之后，卢克拒绝离开死星，因为他想要为欧比旺报仇。在摧毁了死星之后，他留在了义军组织那里，没有再返回塔图因。

13. 奇迹般脱逃

在打败了对手之后，英雄往往必须迅速逃离，可能是因为其他的对手会追上来，可能他还得去救援被追捕的其他人，又或者是因为他必须把"宝物"在有限的时间内带往指定的地点，等等。在事件的高潮过后，最终的追逐战再次制造出紧张感，并昭示着结局即将到来。

《奥德赛》

波塞冬发现了奥德修斯，于是掀起一场风暴掀翻了他的船。奥德修斯登上斐亚肯的岛屿，后者为他的返乡之旅打造了一艘魔法航船。

《星球大战》第四部 ────────────

在卢克试图击中死星的同时，钛战机没能成功抓捕他。

────────────────────

14. 来自外界的帮助

在最后的时刻，主人公得到了外人的帮助。伸出援手的可能是和主人公有过接触的人，也可能是一位完全陌生的人。这一时刻会让观众们觉得：尽管发生了转变，但主人公仍然还是他们中的一员，并非是完美无缺的人。这样一来，就让观众与主人公之间的共情以及牵系得以维持。

《奥德赛》 ────────────

如果没有斐亚肯的帮助，奥德修斯是无法到达伊萨卡的。

────────────────────

《星球大战》第四部和第六部 ────────────

虽然已经离开了义军的队伍，汉·索洛却在最后时刻返回并救下被达斯·维达和钛战机追杀的卢克。在《星球大战》第六部《绝地归来》中，卢克得到了达斯·维达的帮助，后者杀死了皇帝。

────────────────────

15. 跨过返程的门槛

主人公最终返回他曾经的世界。而这一道门槛大多被体现为最后的一处障碍，比如，与失踪后重新现身的敌人进行最后一次交锋。最初一道门槛象征的是旧生命的死亡，而最后的这一道门槛则象征着某种形式的新生。

《奥德赛》

在伊萨卡没有人认出奥德修斯，直到一名仆人认出了他的伤疤。奥德修斯克服了最后的障碍，他杀死了背叛者并向早以为自己死去的妻子说出了自己的身份。

《星球大战》第四部

千年猎鹰号消灭了最后一批追杀者。

16. 两个世界的主人

在旅程结束之后，主人公已经能够轻松自如地应对两个世界了，他可以自由地遨游于两个世界之间并且很好地将它们掌握在手中，不需要再担心有其他的考验。同时，由于克服了自身的恐惧，现在的他也成了内心人格以及外部世界的双重主人。

《奥德赛》

奥德修斯收回了对故乡伊萨卡的统治权，从而也就战胜了横阻在返航路途上的那个神秘世界。

《星球大战》第四部

卢克成了一名绝地战士；义军欢庆胜利。

17. 自由生活

在战胜了存在于内心的以及来自外界的恶魔之后，主人公开始过上一种完全自由的生活，可能是作为统治者，也可能是传道授业者；他可以安定下来和家人共度平静的人生，又或者去寻找新的冒险；再也没有任何恐惧或是想法能让他停止此时此刻的这种人生。

《奥德赛》

奥德修斯重新与他的妻子过上平静的生活，但对尊严和义务有了更深刻的理解。

《星球大战》第六部

义军最终战胜了帝国。卢克与"原力"合而为一，并且开始致力于教导其他人如何运用"原力"。

沃格勒的英雄旅程——品牌故事的 12 个阶段

不管是《星球大战》《怪物史瑞克》还是《黑客帝国》，在我们这个时代主要的叙事形式中大多都能找到英雄旅程。当然，魔法、众神和诱惑很少会在企业故事中扮演任何角色。即便好莱坞及其同类机构也越来越清楚地认识到，女性同样可以成为伟大传说里的英雄。然而坎贝尔的英雄旅程主要是针对男性主角，所以在主题以及象征比拟的选择上很多时候就显得有点跟不上时代。编剧家、故事顾问克里斯托弗·沃格勒于 1992 年所创建的英雄旅程是精简过的现代化版本，它更能方便我们去研究品牌故事。这个简化过的模式包含了以下 12 个阶段（见图 2-10）。

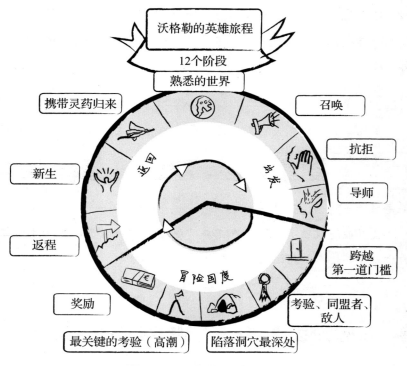

图 2-10　沃格勒的英雄旅程

1. 熟悉的世界

2. 召唤

3. 抗拒

4. 导师

5. 跨越第一道门槛

6. 考验、同盟者、敌人

7. 陷落洞穴最深处

8. 最关键的考验

9. 奖励

10. 返程

11. 新生

12. 携带灵药归来

坎贝尔或沃格勒英雄旅程的 12 个阶段可以在大大小小不同的场合中加以运用。下面我们将通过三个例子来探讨怎样借助这些阶段、依循英雄旅程来构架营销战略、演讲发言或者视频广告，从而打造出极具影响力的故事来。

针对使用目的的不同，这一结构自然也是按照迥然各异的问题来构建的，而这些五花八门的问题可以按照以下几大共同点来进行归纳分类。

思考题

第一幕

1. 熟悉的世界：初始状态是什么样的？舒适地带是什么？迄今已经出现了什么样的情况？

2. 召唤：什么事情发生了出人意料的变化？突然之间出现了什么样的挑战？触发这些改变的又是什么？

3. 抗拒：存在哪些弱点？为什么这些挑战至今仍然没有被解决或者攻克？

4. 导师：可以借助哪些助力？从哪里可以得到新的观念和动力？

5. 跨越第一道门槛：主角是在什么样的时刻接受了挑战？

第二幕

6. 考验、同盟者、敌人：一路上有哪些争斗或者冲突？哪些伙伴可以为主角提供帮助？

7和8.陷落洞穴最深处和最关键的考验（高潮）：在半路上，当无法回头的关键性转变即将到来时，发生了什么？

9.奖励：这一转变具体包含了什么？

第三幕

10.返程：在此之后出现了哪些改善？

11.新生：最关键的胜利是什么？

12.携带灵药归来：从这次旅程中可以学到什么？

事例：史蒂夫·乔布斯的斯坦福大学演讲

苹果公司创始人乔布斯于2005年向斯坦福大学的毕业生们发表了一场非常著名的演讲（见图2-11）。他是这样开场的："我今天想要给你们讲述我生命中的三个故事。没什么特别的，不过是三个故事而已。"下面就是三个故事中的第二个，它讲述了爱与失落。

图 2-11　史蒂夫·乔布斯的斯坦福大学演讲

第一幕

1. 熟悉的世界

"我很幸运，因为我很久之前就知道了自己想要做什么。我二十岁那年，和沃兹（史蒂夫·沃兹尼亚克）一起在我父母的车库里办起了苹果公司。我们工作得相当卖力，十年之后，苹果公司就从一间车库里的两人组成长为一家拥有 20 亿美元资产和 4 000 名员工的企业。在那之前的一年，我们推出了自己最好的产品——Macintosh，而我刚刚三十岁。"

2. 召唤

"然后我就被解雇了。一个人怎么会被自己的公司炒鱿鱼呢？是这样的，随着苹果公司的成功，我们聘请了一位看上去非常合适的人和我一起领导公司，在头一年里一切运作得非常不错。但是渐渐地，我们对公司的前景产生了看法上的分歧，两人最终反目。在这种情况下，我们的理事会站在了他那一边。三十岁那年，我被解雇了，而且还闹得沸沸扬扬。一时之间我失去了我整个职业生涯的中心，这让我心力交瘁。"

3. 抗拒

"在很长一段时间里，我真的不知道该怎么办。我觉得自己让老一辈的企业家失望了，因为我把刚刚交到我手里的接力棒掉落在地。我去见了戴维·帕卡德和鲍勃·诺伊斯，想跟他们道歉。我失败了，败得人人皆知，我甚至想过要逃离硅谷。"

4. 导师（在这一事例中是自我反省）

"但是我慢慢想明白了，我仍然热爱自己的工作。在苹果公司发生的变化并没有改变这一点。虽然公司开除了我，但我热情仍炽。"

5. 跨越第一道门槛

"于是我决定，从头开始。"

第二幕

6. 考验、同盟者、敌人

"那时的我并没有意识到，但事实证明，被解雇是我一生中碰到的最好的事情。从头开始的轻松取代了守成的负担感，尽管前途难料。我得到了解放，进入了人生中最有创造力的一个阶段。"

7. 陷落洞穴最深处

在本事例中谈到的是对重新出发向前的考验以及它们是怎样带来更多的成功。

8. 最关键的考验（高潮）

"在接下来的五年里，我建立了 Next、我建立了 Pixar，还爱上了一名了不起的女人，并且和她结了婚。Pixar 制作了第一部电脑动画片《玩具总动员》，它现在已经是全球最为成功的动画片工作室。"

9. 奖励

"然后，发生了一个出人意料的转折，Next 被苹果收购了。"

第三幕

10. 返程

"我又回到了苹果，而我们在 Next 研发出来的技术成为现在苹果公司复兴的核心。而劳伦娜和我则建立起了美满的家庭。"

11. 新生

这一部分可以省略，因为内容是大家都知道的：史蒂夫·乔布斯再次成为苹果公司的 CEO。

12. 携带灵药归来

"如果苹果公司当时没有解雇我，这一切都不可能发生。这真是一剂苦口良药，但想来确实是病人所需要的。有时候，生活会给你一记迎头痛击，这个时候，不可以失去信心。我坚持下去不过是因为我热爱自己的工作。一个人必须找出对自己重要的东西。这不仅是对工作，对爱情也是一样。工作将会占据你们生活的大部分，但只有在知道自己的所作所为很有意义的时候，自己才会心满意足，而要做到这一点，就只有真正地热爱自己的工作。如果你还没找到自己喜欢的事情，请继续寻找。不要急着做出决定。当你找到时，你会知道就是它了，这和一切凭心而为的事情是一样的，也会像每一段重要的关系那样，随着时间而渐入佳境。所以，请不断地去寻找，直到你找到对的那一个。请不要急着做决定。"

这些步骤也可以简化为动画公司 Pixar 的程式，特别是针对口头讲述的故事（见图 2-12）。

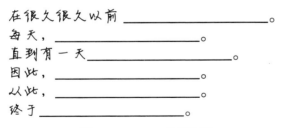

图 2-12　Pixar 故事步骤

事例：百威公司超级杯大赛广告《小狗迷途》

在前文中我们已经了解过这则广告，现在让我们更细致地从主人公的视角来回顾一次——也就是从小狗的角度。

第一幕

1. 熟悉的世界

小狗、马和主人共同生活在某个农庄。

2. 召唤

小狗无意中踏入了一场历险，它被锁进了一辆货车。

3. 抗拒

在这个事例中，小狗想要回家的天性非常强烈，所以没有抗拒心理。

4. 导师

因为没有抗拒，所以也不需要导师来激励小狗回家。

5. 跨越第一道门槛

小狗从一扇打开的门中逃离了货车。

第二幕

6. 考验、同盟者、敌人

小狗不得不跑过一条条车辆川流的大街，而主人也已经开始四处寻找它。

7. 陷落洞穴最深处

雨下得很大，而小狗必须孤零零地坚持下去。直到夜晚，它才抵达了可以望见农庄的一个山丘上。

8. 最关键的考验（高潮）

小狗和马远远地看到了对方。但小狗没有注意到身后出现了一匹狼。马飞快地奔跑过来援助并吓跑了狼。

9. 奖励

从广告的口号来看，在这个故事中的奖励就是认识到自己的朋友可以信赖并且因为再次回到对方身边而感到高兴。

第三幕

10. 返程

在黎明时分，主人看见小狗和马朝着家的方向奔跑而来。

11. 新生

历险归来的小狗又脏又湿，主人给它洗了澡、顺了毛。

12. 携带灵药归来

小狗、马和主人重新团聚在农庄里。一狗、一马、一人之间的友谊因为历险而遭受威胁，百威则作为这段友谊的灵药象征适时出场。

事例：多芬的故事战略

多芬公司通过发起"真美行动"而发展出一整套的故事战略，公司以此为基础不断打造出广为流传的新内容。内容都是围绕着同一个故事准则，而叙述形式则各式各样，有用于宣传的广告图片、视频，在社交媒体频道中也会每天与顾客进行交流。

这些故事中的一则《真美素描》的视频被《广告周刊》评为2013年度最佳广告。在这则3分钟的记录短片中展示了一位肖像专家如何仅仅凭借口头描述来为女性画出素描（见图2-13）。他首先按照各人对自己的描述画出第一幅肖像，接着根据刚刚见过这些女性的陌生人的描述画出第二幅肖像，然后进行比较。最后，不少女性非常震惊地发现：根据她们自己的看法画出来的素描要尖刻得多，而根据旁人的描述画出来的则远远更美、更和善。

图 2 - 13　多芬广告《真美素描》

　　下面的几段内容摘自多芬公司德国网页的"企业愿景"，这些描述可以让我们对公司的故事战略有个初步的了解。从中可以清楚地看到，多芬公司并没有让自己作为主人公出场，而是扮演了导师一角。为了展示《真美素描》广告是如何嵌入到这一战略中来的，英雄旅程在这里又发挥了什么样的作用，我们把企业的愿景和视频的情节结合起来做一次探讨。

第一幕

　　1. 熟悉的世界

　　多芬网页："多芬针对自我外形满意度向来自全球的 6 400 名女性发起了一项调查，结果显示只有 2％的德国女性用'漂亮'来形容自己。而这种对于外貌的情结从年少的时候就已经产生了。"

　　目标群的英雄旅程：英雄/主人公，即女孩和女人，生活在一个对美貌有着很高要求的世界里。

　　视频中的英雄旅程：女士们透过常见的批判性眼光来描述自己。

　　2. 召唤

　　多芬网页："多芬想要让美丽成为自信的源泉，而不是恐惧的源头。"

目标群的英雄旅程：直面自信心的缺乏，通过正面的事例来推动女性去改变自我意象。

视频中的英雄旅程："请描述一下您的头发。"画家要求女士们自己来描述自己，与此同时画家和女性都看不到对方。

3. 抗拒

多芬网页以及目标群的英雄旅程："因为对自己的外貌有着不良感受，64%的德国女生停止了做自己喜欢的事情，她们不再去游泳、运动、看医生、上学，甚至不再表达自己的想法。"

视频中的英雄旅程：女士们通过问题明白了自己会被画下来，但她们仍然以自我批判的方式描述下去，"随着年龄，我的晒斑越来越多。"

4. 导师

多芬网页："多芬坚信，任何年龄段的女人和女孩都应该把美丽看作带来自信的东西，而不是制造不安。如果女人和女孩们不能完整地参与人生，那么受到损害的将是社会这个大整体。"

目标群的英雄旅程：多芬想要通过所发表的每一个故事篇章、每一个内容片段把目标群带入一个新的世界，在那里，美丽是自信的源泉，而不是恐惧的源头。

视频中的英雄旅程：即使直到片尾多芬都没有出现过，但公司通过实验的设置发挥出导师的作用。有人可能会说，画家才是导师，可是为了不让肖像受到影响，画家的角色是有意被设定为中立的。

5. 跨越第一道门槛

多芬网页："出于这个原因，我们的使命就是帮助年轻的女性培养出一种积极向上的身体感受。这样我们就能帮助她们增强自信并充分发挥出自身潜力。"

目标群的英雄旅程：仅仅是观看视频就已经能展现通向新世界的门槛。

视频中的英雄旅程："她的眼睛很漂亮。"观众现在开始意识到，那些批判性的自我描述并不是事实全部。

第二幕

6. 考验、同盟者、敌人

多芬网页：婚介机构、专家、满意的顾客。

目标群的英雄旅程：目标群通过多芬的故事以及自然美的见证人得到了盟友，并从他们的身上看到了自己。

视频中的英雄旅程：通过赞美性描述，我们也结识了从这些女士身上看到美的那些陌生人。

7. 陷落洞穴最深处

目标群的英雄旅程：不断有新的故事——有的平和，有的激烈——通过各种各样的渠道启发和激励目标群。

8. 最关键的考验（高潮）

多芬网页：多芬的"真美行动"。

目标群的英雄旅程：女人和女孩们开始反思自己身上拥有哪些美好，对自己为什么抱有过于批判性的看法。

视频中的英雄旅程：女人们拿到了两幅不同的素描，两幅肖像画之间的差异一目了然。

9. 奖励

多芬网页：认识到美丽是自信的源泉，而不是恐惧的来源（参

见 "召唤")。

目标群的英雄旅程：女人和女孩们的自我感受发生了改变，她们觉得自己和从前相比要更漂亮。

视频中的英雄旅程："你是不是觉得你比自己以为的要更漂亮一点？""是的。"女人们明显深受触动，并且意识到她们对自己太过挑剔。

第三幕

10. 返程

多芬网页："产品""建议、话题和文章"等栏目。

目标群的英雄旅程：因为有了新的认知，女人和女孩们对多芬这个品牌产生了信赖感。

11. 新生

多芬网页："点赞"按钮、向社交媒体频道延展。多芬的信息得到了广泛传播。

目标群的英雄旅程：目标群带着新的认知返回到旧的世界，开始质疑已有的美貌标准以及化妆品产业的传统广告，并且积极提出批评。

视频中的英雄旅程：女主人公们意识到这一新认知所带来的积极影响，她们开始主动和公众进行交流。"我应该更多地去庆幸自己拥有自然美。这也会影响到非常多的决定：对朋友的挑选、正在应聘的工作岗位、怎样去对待自己的孩子。这甚至能影响一切。对于我们的个人幸福而言，几乎没有什么比这更具有决定意义了。"

12. 携带灵药归来

多芬网页：在网上（Facebook、YouTube 等）与客户进行平等的、价值观一致的交流。

目标群的英雄旅程：目标群因为有了新的认知而让自己的生活更加美好，同时还把多芬的故事或者广告讲述给其他仍然在用过于挑剔的眼光看待自己的女人和女孩们。

视频中的英雄旅程：多芬的广告语"You are more beautiful than you think"（你比你以为的更美丽）以及商标和网站淡入。

引用事例

百威《小狗迷途》广告：https://vimeo.com/153561959.

多芬《真美素描》：https://www.youtube.com/watch? v＝Xpa0jMXyJGk.

史蒂夫·乔布斯的斯坦福大学演讲：https://www.youtube.com/watch? v＝D1R-jKKp3NA.

第 3 章

愿景——英雄旅程的目标

能积极地启发我们甚至能对我们的观点和行为产生影响的故事大多都有一个美满的结局。品牌故事的目标恰恰就是要激励、启迪客户和员工并最终对他们的行为产生影响。因此，企业从一开始就要想清楚：自己的故事应该朝着什么方向发展。

为什么

资金太少、企业和员工不对头、市场条件恶劣——当一个产品或一家公司失败时，给出的理由大多就是以上这三条的排列组合。在 20 世纪初，萨缪尔·皮蓬特·兰利却无须有这方面的担忧。他从美国陆军部获得了五万美元来完成他研发第一台航空发动机的目标。他就职于哈佛，因此能联络到他那个时代最聪明的人，他所能接触到的知识经验也因此是无与伦比的。当时的市场条件非常理想，人人都在期待着研究成果的诞生，报纸杂志密切跟踪他的一举一动。尽管如此，你可能从来都没听说过这个人。

奥维尔·莱特和威尔伯·莱特两兄弟却在1903年11月17日乘坐第一架发动机飞机升空，并因此被载入史册。外界本来笃定他们会失败。他们仅仅通过一家自行车商店的收入资助了自己的这个创意。不管是他们自己还是团队里的同事都没人拥有大学文凭，而《时代周刊》也没人去追踪报道他们。那么他们为什么仍然能够实现重大突破呢？

当兰利主要盯着财富和功成名就时，莱特兄弟却预见到了飞机将会给世界带来什么样的改变。正是这一愿景让其他人也甘愿一起流血流汗，只为让它成为现实。兰利的员工们却没有全身心投入进来。

出生于1973年的记者西蒙·斯涅克对这一事例以及很多其他例子进行了分析，想要弄清楚是什么让人和企业即使在产品相似或者待遇截然相反的情况下也能打动大众并且比其他人更加成功。斯涅克的研究结果简单明了，他的演讲在TED上的观看量排第二位："我们之所以追随那些领头的人，并不是因为我们必须这么做，而是因为我们想要这么做。我们追随领头的人，不是为了他们，而是为了我们自己。那些把'为什么'作为开始的人，都拥有启发他人的能力。"

斯涅克在他的演讲以及著作《从"为什么"开始——伟大的领导者如何激励每个人都行动》(*Start with Why—How Great Leaders Inspire Everyone to Take Action*) 中阐述了成功的企业和领导人是

如何在内外交流中运用"为什么、怎样、什么"这个"黄金圈"的（见图 3 - 1）。

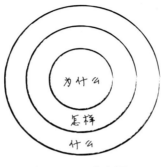

图 3 - 1 黄金圈

　　大多数的组织都知道自己在做什么，有的人也知道，他们是怎样做的，也就是怎样从众人之中凸显出来，但很少有人知道他们为什么要这么做。当盈利是一种结果时，"为什么"的问题就是关于组织的目的和原则。当大多数人都采用从外向内的方式——也就是从"什么"开始——进行沟通、思考并展开行动时，成功的领导人却是从内向外，把"为什么"作为起始。

　　"我们在制造优秀的电脑。它们设计美观并且便于使用"——如果大多数企业把"什么"和"怎样"作为重点的话，苹果公司的广告信息就会是这样的。但苹果公司实际上的广告信息大不一样："我们所做的一切是因为我们相信现状应受到质疑。我们相信，要独辟蹊径。我们质疑现状的方式是制造出设计美观、便于使用的产品。我们在制造优秀的电脑。"

　　苹果公司的粉丝们为什么会跟着感觉走、争相购买价格相对昂贵的产品，这可以从生理上给出解释。我们的大脑恰恰有着和黄金圈同样的构造：在外围部分是负责理性以及分析能力的新皮质，大脑中间的两个部分构建起边缘系统，负责的就是信任这一类的感觉以及行为等（见图3-2）。

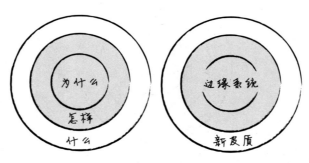

图3-2　"为什么-怎样-什么"模式与大脑的类比

始终不忘"为什么"，也就是牢记自身的愿景，并以此鼓舞成千上万志同道合者的企业还有下面几家。

● TED："Spreading Ideas"

（传播思想）

● 可口可乐："To refresh the world；to inspire moments of optimism and happiness；to create value and make a difference"

（让世界清新舒畅；开启乐观与欢愉；创造价值并与众不同）

● 耐克："To bring inspiration and innovation to every athlete in the world"

（带给全球运动员灵感与创新）

● 星巴克："To inspire and nurture the human spirit—one person，one cup and one neighbourhood at a time"

（启迪并滋养人类的灵魂——每一个人、每一杯咖啡、每一个

地方）

　　企业讲述的故事是否会获得信任、能否取得成功，与企业能否通过清晰明确的愿景回答"为什么"这个问题密不可分。只有通过明确的愿景，每一个向外和向内传播的内容以及信息才能给认同它的公众指出一个明确的方向。同时，故事也能帮助企业找到并表达愿景。

思考题

　　1. 您创建企业的动机是什么？

　　2. 如果金钱并不重要的话，您的企业存在的理由是什么？

　　3. 您的品牌想要为社会做出什么样的贡献？

　　4. 您的顾客和员工所熟悉的世界是什么样的，而您想对它做出什么样的改造？

　　5. 您的企业怎样让人们更快乐？

　　6. 您的企业将用什么样的方式为本行业带来深远影响？

旧世界对比新世界

　　英雄旅程模式可以帮助企业在讲故事的过程中为愿景定位。最简单也最重要的思路就是：企业不去扮演主人公，而是根据情况让顾客或者员工充当主角。成为真正英雄要在一个充满冒险的新世界里，克服各式各样的障碍和矛盾，英雄最终掌握这个新世界、获得新知识并得到奖励，而这个奖励大多也恰恰是鼓励他踏上冒险征程的事物。

想要通过讲故事来让员工和顾客成为企业的追随者，让他们认识到这个"为什么"并且积极主动地关注品牌，首先需要回答以下两个问题。

1. 主人公熟悉的世界是什么样的？

2. 主人公在旅程结束之后掌握了新世界，这个世界应该是什么样的？

新旧世界之间的反差越大、两者之间存在的冲突越多，企业就越具有颠覆性，企业故事制造出戏剧性的潜力也就更大。

事例：爱彼迎和归属感

在全面品牌变革的背景之下，全球领先的私人度假住所网上中介平台爱彼迎于 2014 年在它的博文中阐明了自己新的身份以及蕴藏其后的愿景。

"在一个新技术让人与人疏离、让信任遭到侵蚀的时代（熟悉的世界），爱彼迎运用社区技术让人们聚到一起。交流联通是人们普通需求中的一部分，这一需求就是：不管自己是什么样的，也不管在什么地方，都能感受到自己被欢迎、被尊重、被珍视。这种需求就是想要拥有在家的感觉（新世界）。"

该平台通过各式各样能够用来交流的途径展示了"这种能带往任何地方的归属感"，从新的标志到电视广告不一而足。同样拥有这种"旅游新天地"愿景并且知道爱彼迎的人大多都在它的网站上注册了，他们从该平台受益（奖励）并且把自己的经历分享给其他人。爱彼迎又回过头利用这些被故事鼓舞的用户将其他的旅游者带入这一新世界，帮助他们克服内心的矛盾并且作为主人公赢得胜利。

事例：GoldieBlox 以及为未来女工程师设计的游戏

GoldieBlox 专门为女孩子们研制能开发技术方面的兴趣以及能力的玩具积木（见图 3-3）。从企业的网页上可以了解到以下情况：

"在一个从统计数字上来看由男人主导着科学、技术、工程学以及数学的世界里，女孩子们从 8 岁开始就不再关注这些学科。积木玩具能够帮助她们在早期阶段对这些领域产生兴趣。但这些玩具从 100 多年前开始就一直被看作男孩子的专属品。"（旧世界）

"GoldieBlox 决定打破常规。我们致力于从根本上改变玩具店里的女孩专柜，启迪鼓舞新一代的未来女工程师。"（新世界）

图 3-3 GoldieBlox 广告

创造一个让女孩和女人能在男性主导的专业领域中扮演重要角色的新世界，这样的一种愿景在该企业所有频道中的故事里发挥了指南针的作用。企业博客介绍女性榜样以及热衷于 STEM（科学、技术、工程学、数学）专业的女孩子们有哪些出路。GoldieBlox 在 Instagram 以及 Pinterest-Boards 上围绕 "Tools for School""Geek is the new Chic""♯WomenInStem" 等主题上传了各种内容，自己还开发出一系列漫画人物，比如井然有序、依循自己的密码生活的萝比·瑞尔斯，又比如工具爱好者瓦伦缇娜·沃尔兹等，这些人物遍布于所有产品之中，GoldieBlox 还有自己的系列视频《Blox 城》，在那里还可以了解更多东西。

引用事例

西蒙·斯涅克的 TED 演讲《从"为什么"开始》：http://www.ted.com/talks/simon_sinek_how_great_leaders_inspire_action.

爱彼迎的新愿景博文：http://blog.airbnb.com/belong-anywhere-de/.

GoldieBlox 愿景：http://www.goldieblox.com/pages/about.

GoldieBlox 的内容营销《Blox 城》：http://www.goldieblox.com/pages/bloxtown.

第 4 章

冲突——主人公遇到的阻碍

所熟悉的旧世界与所追求的新世界之间存在的差别越大，产生的悬念也就会越多。这种悬念主要是以旅程中出现的矛盾冲突为基础。传统形式的市场营销以及员工交流的基石都是"推销一个尽可能美好的世界"，而讲故事却是要有效地利用冲突，因为冲突特别能够推动故事的精彩进程、让主人公的发展有说服力，从而可以感染观众。主人公的目标越难实现、路途上遭遇的阻力越大，结局就会显得更加可信也更能鼓舞人心。这里就涉及不同形式的冲突，而相应地，它们又能够生成各种故事。

人与人的斗争

从童年时开始，我们就被要求在各种各样的场合里和我们的对手展开竞争，不管是在体育比赛中、在学校里，还是在职场上。人与人之间的冲突是我们在日常生活中最熟悉的一种矛盾表现形式。八卦和流言成为最广泛的交流形式并非没有原因。很多矛盾都是建立在我们与他人之间或大或小的分歧之上，比如面对我们的父母、孩子、兄弟姐妹、伴侣、同事、老板、生意对手以及其他人时，都有可能形成对立并与对方发生争执。不管在故事中也好在现实生活中也罢，都应该注意不要把这种冲突搞得非黑即白。在很多情况下，竞争对手的本意并不是彼此排挤，只不过是因为大多数人的目标各不相同，而这些目标之间形成了竞争或发生了碰撞。

在《饥饿游戏》中，女主人公凯特尼斯为了让自己活下去而不得不和对手们展开殊死搏斗；在《玩具总动员》里，牛仔警长胡迪以及太空游侠巴斯光年在安迪的卧室里为成为安迪最喜欢的玩具而你争我夺；天行者卢克大战达斯·维达，超人对抗莱克斯·卢瑟，彼得·潘智斗钩子船长……故事中人与人之间的争斗可列出一长串清单，上面满满都是引人入胜的对战与决斗。

人与人之间的争斗为企业提供了无穷潜力来清晰呈现自己的价值和目标，具体做法就是让价值和目标通过对抗反面角色的形式得以体现。无论主角是企业自己抑或是公众，都可以运用这一对比法。

事例：I'm a Mac，I'm a PC

关于人与人竞争的最著名的一个广告大概就是苹果公司的《I'm a Mac，I'm a PC》了（见图 4-1）。在 2006—2009 年播出的 66 则广告中，青年演员贾斯汀·隆扮演的 Mac 以休闲风格出现，而年纪较长的约翰·霍奇曼则是衣着老旧僵化的 PC。这两个人物不仅代表了各自的品牌，并且暗示了苹果公司是如何看待自己的目标群体、对目标群在新的世界中会以怎样的面貌去生活又做了何种设想：成功且富有创造力，同时轻松自在，他们抛却西装革履，选择新的工具武装自己，他们在各自的数字生活中游刃有余、畅行无阻。

图 4 - 1　I'm a Mac, I'm a PC

在这一系列广告中可以分外清楚地看到，这一对竞争对手并不是非恶即善的存在，两人之间的激烈争辩也几乎算得上友好。Mac 也承认，PC 在 Excel 这一类枯燥无聊的工作应用程序方面要表现得更好一些，他认为自己的长处在于生活中的娱乐事物，比如制作视频、照片、网页等。在其中一则广告里，Mac 出人意料地以西装革履的形象出场，因为他刚开完一个工作会议，而 PC 的反应让观众差一点就认为他的确更胜任这一类型的场合。对手之间的势均力敌让冲突得到了极大的加剧。

但是，这种形式的对决只有在大家事先认为主人公比对手要弱的情况下才能发挥出效果。在 2006 年末，微软的销售数字还大约是苹果的三倍之多，而到了 2009 年末，两家企业几乎持平（见图 4 - 2）。如果苹果公司这时再将这一对比继续下去，那么就不再是反抗曾经的市场领导者的"英勇作为"，而是欺负弱势的一方了。

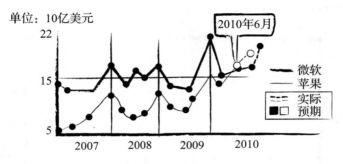

图 4 - 2　苹果与微软的销售数字

苹果公司在 2006—2009 年迎头赶超，与此同时，微软不得不捍卫自己。2008 年底，微软利用苹果广告中展示的 PC 用户老套僵化的形象发起了一场广告大反击。在第一通电视广告中上场的是一位外形与苹果广告中的角色非常神似的微软员工。微软控诉苹果的 PC 用户形象是怎样大错特错，并让那些和这位员工同样自豪的人以及一大批形形色色的人一起宣告"I'm a PC"。

到了这个时候，微软已经成了不得不证明自己是逊色于苹果的弱势方。2014 年，微软和联想联合推出联想 Yoga 3 Pro 广告《以舞决胜负》(Dance-off) 来对抗 MacBook Air。在这场比舞大赛中，市场领导者的动作拙态毕露，而联想笔记本电脑每一招都占了上风。

在移动市场方面，苹果又碰到了新对手谷歌和安卓。这里的情况和微软的竞争相比要更加艰难。史蒂夫·乔布斯在去世前不久曾对内宣称，他将要指挥一场对抗谷歌的"热核战争"。

人与社会的斗争

在很多情况下，两个人之间的冲突代表的是人与整个集体、标准和社会的冲突。和人与人的斗争一样，人与社会的斗争围绕的是阻碍了主人公实现自己目标的，代表着不同机构、传统或者律法的各种价值观和道德观，但这并不意味着主人公就要铤而走险、以身试法。人与社会的斗争通常指的是对社会标准的质疑。

在电影《花木兰》中，女主人公不得不与中国社会的性别标准抗争到底。为了不让父亲投身战场，她女扮男装代父从军。后来，当人们发现她是女人时，她通过保卫国家让大家开始对性别标准产生质疑。

《萨普洱》（Sapeur）是爱尔兰啤酒品牌健力士的一部纪录短片（见图4-3）。片中介绍了一群在刚果的艰苦生活条件下仍然坚持让自己的生活过得极为优雅的男人。他们身上穿的是个性张扬的西装，维持着极其道德而文明的礼仪。决定萨普洱成员人生的是尊重、道德准则以及对灵感与创造力的天赋本能，哪怕自己手上留的钱并不多。这部纪录片——同时也是健力士这一品牌——想要说的是："即使有种种阻碍"，尽管"人并不总是能自己选择环境背景，但可以自己决定想要成为什么样的人"。

图 4-3　健力士公司《萨普洱》广告

人与权威的斗争

对于个人而言，代表权威的可能是压迫或者限制他们的警察、政府、家庭以及企业等。当主人公的目标是实现自由、发展、改变或者类似价值时，他就必须与这些限制进行斗争。

反对权威的叛逆抗争常常是那些为市场带来新方法的初创企业的故事中的一部分。比如爱彼迎、优步等一系列类似企业必须对抗酒店联合会、国家政府部门或者出租车协会及其磨合良好的体系组织。

人与犯罪/不公正的斗争

与社会之间斗争的另一种形式就是对抗社会中的犯罪分子。从《福尔摩斯》到《犯罪现场》，我们对社会秩序和公平公正的向往永远是影视和文学作品中最受欢迎的主题之一。在这个世界上有人为保护大家而与黑社会和恐怖分子进行着不懈的斗争，这是一个深受广大观众喜爱的设想。

在品牌故事中却不必围绕谋杀和遇害之类的主题，而是可以呼吁大家反抗不公正或者反对酒后驾驶等。另外也可以讲述有的人通过大大小小的行动极大地帮助了他人的故事，泰国一家保险公司的广告就是其中一例。

在广告《无名英雄》中，一名男子每天都在无私地帮助别人，他把自己的食物分给小狗、为一名乞讨的小姑娘捐一点钱、把新鲜的香蕉挂到年老的邻居家门口等（见图4-4）。大家都想知道他为什么要这么做，因为这些事既不会给他带来名誉也不会为他赢得财富。他所换回的，是情感、快乐和爱。

图4-4　广告片《无名英雄》

"相信善"，这就是该广告公司的口号，他们通过这一则启迪心灵的故事用人性中的善意来对抗路人的顾虑怀疑。

人与机器的斗争

我们着迷于科技、机器人和机械，科技前进的步伐无可阻挡，人与机器为越来越丰富的叙事形式提供了大量素材，在这些故事中，人类不得不与科技和机械展开竞争。我们中的大多数人在日常生活中都常常遇到要与自己的电脑斗智斗勇的情况：有时是死活联不上网，有时是死机崩盘而重要的文档还没来得及保存。随着机械与机器人的发展进步，我们越来越担忧自己的饭碗会被抢走，也担心它们会在某一天利用自己的人工智慧对抗我们人类。

早在 1818 年玛丽·雪莱就以人造怪物为主题写成了小说《科学怪人》。在现代，除了《黑客帝国》和《魔鬼终结者》之外，还有《她》等影片描写了人与科技之间的冲突。

宜家的网络爆红视频《bookbook》则以讽刺的手法为自己的印刷版家具目录进行辩护，在片中，产品目录以典型的 Macbook 风格和形象被隆重推介。

人与自然的斗争

严寒、酷热、黑暗的洞穴、狂暴的海洋、陡峭的悬崖……与大自然的搏斗较少会涉及道德问题，一般都是围绕着纯粹的求生。主人公必须对抗自然的力量，而观众则很想知道他能否坚持到底。

对此，有很多广为人知的文学作品，比如《鲁滨逊漂流记》以及《白鲸》。电影方面，《大白鲨》《少年派的奇幻漂流》《火星救援》《地心引力》等影片也挑起了我们最原始的恐惧。

情节波动起伏越大，故事就越引人入胜。在这一类别中，至今无人超越的是极限运动员菲利克斯·鲍姆加特纳的平流层跳伞，数百万观众热切关注了红牛公司的这次现场直播并深受感染（见图4-5）。而GoPro也在它的用户故事中勇闯龙潭虎穴，展现了人类挑战自然的惊心动魄的画面。

图4-5　红牛企划的平流层跳伞

与大自然的斗争往往是非常孤独的搏斗，因为故事中的大自然多数并没有被拟人化，它也没有价值观和道德标准。人类并不是可以和大自然讨价还价或一定会握手言和的。因此，与大自然的斗争也常常是内心矛盾的催化剂，这时主人公的实际对手是自己的弱点，他不得不与自己进行斗争。

人与自己的斗争

内心的挣扎是所有英雄旅程的重要部分，它随着外部的冲突而跌宕起伏。当主人公只能在克服自身的弱点或者心魔后才能实现自己的目标时，这一点也就显而易见了。理智与情感对抗、善与恶斗争、希望与恐惧搏斗，这一场斗争不过是在主人公的心中和脑海里展开的，也只能由主人公本人来解决，其结果或许是成长，或许是失败。

不少故事的核心主题都是主人公的内心斗争，比如《变身怪医》《美丽心灵》，还有《蝙蝠侠》中布鲁斯·韦恩与曾经的自我之间的对立，等等。Pixar 甚至还为这种内心斗争献上了一个自己的故事《Inside out》。

讲述品牌故事首先要做的是赞扬自己的受众，具体方法就是让他们经历一次转变，而这种转变带来的新愿景与他们过去的价值观和世界观形成对立。因此，也难怪很多成功的企业故事都是关于人们如何展开内心斗争并且取得胜利的，而这些故事也激励着大家正视自己的恐惧、怀疑和障碍。

如果没有碰到任何阻碍也没有经历任何失败就实现了愿望，这样的人是不会被观众视为英雄的。失败的影响力以及与失败相连的一切情感也曾是本田公司广告的主题之一，虽然汽车企业肯定不愿意将自己的品牌与失败和故障联系在一起，但该广告达到了所期望的正面效果，这是因为失败被描述为通往成功的中间步骤，而讲述者恰恰以最艰辛的方式体验了这个过程。本田通过广告《失败是成功的秘诀》以非常能让人信服的方式展现了坚韧不拔、坚守原则、情感强烈等特点。

心理的怯懦惰性在耐克大多数广告以及《Just Do It》系列中扮演了对手一角。这个运动品牌的大多数故事和画面都围绕着动力和抗拒之间的冲突展开。在《reincarnate，超越自我》中可以清楚地看到这种内心挣扎，片中描述了一位慢跑者在一条寂静的街道上自己和自己吵架的情形。他应该继续跑还是停下来？当他克服惰性继续奔跑时，对立的另一个他则被抛在了后头。

在讲述故事的过程中，企业可能会犯的一个关键性错误就是对斗争冲突缺乏描写。斗争冲突是主人公以及他所在世界发生转变的催化剂，是所有故事的发动机。

思考题 ————————————————————————————————

1. 您的企业、顾客和员工迄今为止碰到了哪些矛盾冲突？

2. 从企业、顾客和员工的角度来看，有哪些对手、敌人或者是对立角色？

3. 哪些外部情况阻碍着主人公？

4. 哪些内心的斗争阻碍着主人公？

————————————————————

风暴之后的平静

只有冲突得到解决之后，故事才可以结束并且有一个圆满的结局。当悬念被揭开，就不会再刺激皮质醇的分泌，观众也就会获得一种舒适的放松感受。斗争冲突也许是一个好故事中最为重要的因素之一，但永远也不要忘记必须解决斗争冲突，因为开放的结局很容易让观众觉得不痛快，也会让他们搞不清楚主人公到底是会在旧世界中还是新世界里找到平静的生活。企业在交流宣传中不应该让问题悬而未决。

因此，一张一弛应该作为不可分割的两个部分来看待，不管出现的是哪种类型的冲突都是如此。下面罗列了几个在讲故事中必须成双成对应用的例子：

进攻→失败、自卫、撤退或者胜利

背叛→重建或者报复

被囚→脱逃或者获救

追杀→被捕或者逃脱

占领→起义

死亡→新生

防御→失败或者胜利

摧毁→重建

新发现→利用或者失去

反感→好感

不足→转变

无知→醒悟

醒悟→追求

失去→寻找

需求→充实、减负或者渴望

觉悟→转变

寻找→发现

渴求→找到

损害→解决

镇压→反抗

威胁→避开、解决或者还击

信任→背叛

未了→完成

不公→公正

所有这些冲突和解决方式都可以针对公众或者目标群的价值观相应地加以改写，从而创造出精彩的故事。

思考题 ————————————————————————

1. 紧张/威胁何在？

2. 与之相应的解决办法/和平状态是什么样的？

————————————

让我们再次以爱彼迎的愿景"随处都能有家的感觉"为例。在这个新世界里，归属感被赋予了非常高的价值；在寻求归属感的过程中，主人公/目标群可能会碰到下面这样的情况。

在冷战时期，约克曾经是柏林墙西边的边防哨兵。在统一之前，他移民去了丹麦，从那之后就再也没有见过统一后的柏林市。在他离开这个城市之后，柏林墙始终留在他的脑海之中。而今，他第一次和女儿一起来到了今日的柏林。两人在普伦茨劳尔地区租了一套房子，并且结识了名叫凯的房东。两位男士在交谈中得知，对方曾经在同一时期和自己从事着相同的工作，只不过分别在柏林墙的两侧。这一场相遇改变了约克对柏林的感受，尤其是改变了他对身边世界的看法，在这个世界里，他脑海中的敌人根本就不存在。

适逢柏林墙倒塌周年庆，爱彼迎把这一则用户故事加工成了一个非常动人的视频《推倒高墙》（见图 4 - 6）。片中制造并且解决了多个有关归属感的冲突矛盾，最主要的有下面这几个：

反感→好感

醒悟→转变

被囚禁束缚（在自己的思维或者世界观里）→（通过与他人相遇而获得）救赎

图 4-6　爱彼迎广告《推倒高墙》

正如这个故事所展现的那样，大多数情况下，冲突所涉及的并不是要战胜恶势力。不同的或对立的价值观发生了碰撞，但这样的碰撞可能常常都是正面积极的。对于品牌而言，重要的是要建立一个能让员工和客户认同的、坚实持久的价值世界，它能给"为什么"提供一个清楚明了的答案并且要在企业的故事中反映出来。

约拿·萨科斯在他的《故事战争》（*Story Wars—Why Those Who Tell and Live the Best Stories Will Rule the Future*）一书中列出了企业找到自身价值观的三条途径。

有的品牌是因为特定的价值观建立起来的，户外品牌巴塔哥尼亚就是其中一例。该企业的创始人热衷于登山攀岩，他发现自己的这一爱好会对岩壁造成极大的伤害。他很快就意识到：喜欢在大自然中打发业余时间、享受乐趣和真真正正去热爱与维护大自然之间是有区别的。于是，他发明了一种可以不留痕迹地从岩壁上摘除的铝制岩石楔。他的价值观是对户外运动的热爱、优质的产品以及保护大自然。

还有的品牌必须找到并确定自己的价值观，比如本·杰瑞。这家冰激凌制造商的成功主要建立在那些和冰激凌没什么关系的价值基础上。对企业创始人来说，和平这一价值观意义非凡，他将之融合到了自己的企业中来。他认为数以亿计的军费开支不如用到民用项目中来，于是把这一观念印在了数百万产品的标签与盒盖上面。和某些假模假样的慈善行动相比，顾客们更加认同本·杰瑞的价值观，它源于创建者自己的生活，更有可信度。

思考题

1. 在创建品牌时，哪些价值观深刻地影响着您的企业？

2. 您的产品体现了哪些价值观？

3. 您能够从自我动机中找出哪些真实可信的价值观？

4. 哪些价值观与习以为常的事物之间存在冲突？

5. 哪些价值观与其他的人、机构或者组织的价值观相冲突？

引用事例

苹果公司的《I'm a Mac，I'm a PC》系列广告：https://www.youtube.com/watch? v=48jlm6QSU4k.

微软公司《I'm a PC》广告：https://www.youtube.com/

watch? v＝MSiSIzXKMXw.

微软和联想《以舞决胜负》广告：https：//www. youtube. com/ watch? v＝R98sgmllCEg.

健力士公司《萨普洱》的故事：http：//www2. guinness. com/ en-gb/sapeurs/.

泰国某保险公司《无名英雄》广告：http：//www. youtube. com/watch? v＝uaWA2GbcnJU.

宜家《bookbook》视频：https：//www. youtube. com/watch? v＝MOXQo7nURs0.

红牛平流层跳伞：https：//www. youtube. com/watch? v＝d0oHArAzdug.

本田公司《失败是成功的秘诀》：https：//www. youtube. com/ watch? v＝iJAq6drKKzE.

耐克《reincarnate，超越自我》：https：//www. youtube. com/ watch? v＝1sElYG7LmUU.

爱彼迎的《推倒高墙》：http：//blog. airbnb. com/breaking-down-walls/.

第 5 章

企业作为导师

用支持代替惧怕——需求层次金字塔的顶端

"Often a bridesmaid, never a bride"（总是做伴娘，没法当新娘）这句话在英语中已然成为一种习惯用语，而这句话来源于 20 世纪 20 年代的一个广告（见图 5 - 1）。当时，专营消毒剂的李施德林公司（Listerine）想要扩展自己的产品种类，打算将新品漱口水推向市场。为此，公司引入了口臭这个医学名词，并通过广告里的女主人公——一名绝望的伴娘——传播对自己可能因为口臭而孤独终生的惧怕。这种惧怕感还包括担心发现不了自己有口臭，不论是家人还是朋友都不曾提醒自己，而解决这个问题的灵丹妙药就是李施德林。

图 5-1 20 世纪 20 年代的李施德林广告

这则在如今看来相当肤浅的广告被专业期刊《广告时代》（*Ad Age*）排在 20 世纪最成功广告的第 48 位。但是《故事战争》的作者约拿·萨科斯将它看作"黑暗营销艺术"的一个典型例子，认为它对于讲述品牌故事而言是一个反面教材。不管是李施德林还是 20 世纪 90 年代的德国 Calgonit——这一品牌在广告中宣称只有把玻璃擦得干干净净才能与邻里和睦相处，它们的广告是一个模式，那就是引发惧怕担忧，同时奉上自己的灵丹妙药。

在 20 世纪下半叶的主流媒体全盛时期，大家都信奉这样一个神话：消费能让我们幸福、安稳，并能巩固我们的社会地位。而今这一神话已发生了根本性的改变。随着社交媒体以及消费者新权利的民主化，处于重要地位的需求已然和数十年前不一样了。如今的员工往往很成熟，要求颇高，不再像从前那样心怀惧怕、老实听话了。是哪些需求深深地影响着当今的社会以及品牌故事呢？解放了思想的员工和顾客所追求的"为什么"又到底是什么？

在研究"是什么样的需求造就了真正英雄"的过程中，约拿·萨科斯采用了马斯洛的需求层次金字塔（见图5-2）。亚伯拉罕·马斯洛本人对人类心理和精神的看法与在讲故事方面做得很成功的品牌颇有相似点。当马斯洛的同行主要致力于对心理疾病患者进行分析、治疗，并以此为基础建立起各自的理论时，他却关注着精神健康的、成熟并且生活美满的人。马斯洛得出这样一个结论：每个人都力求实现自我，而对其他需求的满足，比如睡眠、安全感以及爱等，不过是实现自我的方式而已。

图5-2 马斯洛的需求层次金字塔

马斯洛的需求层次金字塔从最底层的生理需求开始，这里包括吃饭、睡觉等。如果这些需求无法得到满足，人就会死去；如果得到了满足，人就会争取更上一层楼，开始谋求安定方面的需求，比如拥有一个自己的房子或者银行户头里有足够的钱。这套体系中再上一级的目标则是社会需求，比如爱、集体关系以及友谊等。再往上就是自我需求，包括认可、重视等。这一需求被马斯洛称为不足需求。它们如果得不到满足，就可能会导致生理以及心理上的疾病。位于金字塔尖端的是自我实现需求，它们主要表现为自我的实现。萨科斯认为，与市场营销相关的自我实现需求包括对以下价值的追求：

（1）整体性：希望超越自身利益、把自己和其他人看作某个大整体中的一部分。

（2）完美：希望掌握一项技能或者拥有某种天赋。

（3）公正：希望生活在一个有着更高尚价值观的世界里。

（4）丰富多彩：希望经历生活的缤纷多彩、寻求新的体验并且消除偏见。

（5）简单：希望理解事物的本质。

（6）美：希望体会并创造出审美乐趣。

（7）真：希望经历并表达出毫无扭曲的现实，并且揭发谎言。

（8）独树一帜：希望尽情发挥个人的天赋、创造力和独特性。

（9）乐趣：希望拥有快乐的体验。

思考题

1. 在您的企业创建之际，哪些价值有着重要意义，创建的动机是什么？

2. 您的产品或者服务体现了哪些价值？

3. 从个人兴趣出发，您能够令人信服地代表哪些价值？

4. 约拿·萨科斯/亚伯拉罕·马斯洛的自我实现需求中，哪些是您想要在顾客和员工中促进的？

———————————

"黑暗营销艺术"的魔法配方主要是让目标群体把不足之处当作不足需求，从而让他们害怕自己不受欢迎、不被认可或者会失去自己的工作和住房。讲述品牌故事的基础是赋能授权（empowerment），这要在目标群体满足自身发展需求的过程中给予支持和帮助。

在90多年之后，李施德林脱下恐惧营销这件黑外套，讲给顾客的是能反映他们自我实现需求的故事。通过广告口号"你的微笑比你以为的更能打动人心"，李施德林断言：每一个人都能通过微笑让自己和他人的生活变得更美好。"微笑能产生非常多的效果。它影响着我们的心情，它能拯救糟糕的一天，还能让人们彼此靠近。"这一故事还不止于此，李施德林还开发出一个应用软件，盲人可以借助它来识别对方的面部表情并通过振动提示来感知对方的笑容。

思考题 ——————————————————————————————————

1. 迄今为止，在您的企业中是否存在利用惧怕和对不足需求的影射来应对公众的情况？

2. 您怎样才能将它们替换成自我实现需求？

———————————

上文提到的企业所针对的自我实现需求包括下面几种（见表5-1）。

表 5 - 1

广告	愿景或者口号	需求/价值
爱彼迎	"四海如家"	整体性、丰富多彩
苹果	"不同凡想"	独树一帜
GoldieBlox	"让女孩子们来建设吧"	完美、公平、乐趣、简单
健力士	"Made of More"	丰富多彩、独树一帜
多芬	"真实的美丽"	美丽、真实
TED	"传播思维"	整体性、丰富多彩、真实
可口可乐	"开启快乐"	乐趣、丰富多彩
奥巴马	"改变",以及 "Yes,We Can"	整体性

为了能够成功地运用故事,企业必须学习的是:自己并不是要拯救胆怯、不满足的顾客和员工的英雄;目标群体要能从主人公身上看到自己的影子,而企业作为导师要感知并支持他们实现自我的需求。导师是最重要的配角之一,因为在有着相同价值观和目标的前提下,主人公的信任和动机就取决于他。

导师的多种面貌

"门托尔(Mentor)现在站起身来,完美无缺的奥德修斯将他视作老友,扬帆出海前曾将府邸托付于他,并嘱咐儿子忒勒玛科斯听从这位白发老人,让一切事宜有条不紊。"(摘自《荷马史诗:伊利亚特》第二章)

奥德修斯拜托自己的好朋友门托尔在自己奔赴特洛伊战场期间看顾自己的儿子忒勒玛科斯。门托尔代替了父亲的位置陪伴年少的忒勒玛科斯长大成人。奥德修斯的保护神雅典娜也曾伪装成门托尔,为忒勒玛科斯提供一些重要的线索提示他父亲正在什么地方。在今天代表着顾问和支持者的"Mentor"这一概念就是源自门托尔这个角色。

导师作为最重要的经典文学形象之一在或新或旧的故事里以不同的形式占据着固定的席位。他们很清楚自己所扮演的角色，知道什么时候应该进攻、什么时候应该后退，但主人公的冒险终归是必须自己去完成的。在大多数情况下，导师拥有以下功能中的一项或者多项：

● 他们说服或者激励主人公听从冒险的召唤（比如在《黑客帝国》中，墨菲斯给尼奥红色和蓝色的药丸让他选择）。

● 他们传授主人公对完成冒险非常必要的各项知识（在《龙威小子》中，宫城老师向丹尼尔传授空手道）。

● 他们送给主人公很有助力的工具和物品带上征程（卢克·天行者得到了激光剑）。

● 他们在最危急的时刻拯救主人公，甚至会为对方牺牲，而大多数情况下又会和某种形式的重生联系在一起（甘道夫奋力从炎魔手中救出弗洛多，自己却跌入大火，在后续情节里又以白衣巫师的形象重生归来）。

这些功能可以在品牌故事中转接到扮演导师角色的企业身上：

● 多芬公司让女主人公直面自己匮乏的自信心以及不切实际的审美标准，从而改变她们的自我意象（冒险在召唤）。

● GoldieBlox通过自然科学领域的女性榜样激励观众、消除成见，并且讲解了女孩子怎样更好地利用她们对科学技术的兴趣爱好（知识）。

● TED有一个网上平台，众多专家与用户为它提供视频、文章和翻译（辅助工具）。

● 可口可乐公司把自己的商标从中心位置挪走，从而让顾客可以把自己的名字印在瓶身上（牺牲）。

导师虽然和英雄或者反派一样都是非常有识别度的经典原型，但是正如很多英雄或反派那样，不同故事中的导师拥有很不相同的个性。不管是《怪物史莱克》中那头疯疯癫癫的话痨驴子，还是《龙威小子》里那位睿智的老人，抑或迷人而又严厉的玛丽·波平斯，导师的面貌五花八门，并且与主人公的价值观、需求以及挑战紧密相连。对企业而言这意味着：企业所扮演的导师虽然是所谓的配角，但如果能赋予该角色更多的个性特点，那么他就会更醒目、更有辨识度。除此以外还有一个好处：这样的个人信息能为企业很好地指明什么样的故事、内容和调性更适合自己。

在寻找适合的导师人格的过程中，企业同样可以借助著名的经典原型作为初步依据来进行定位。不过，千万不要将原型和刻板印象混为一谈。前者能造就一个故事、能触动我们的情感，而后者能将故事毁个彻底，让我们觉得无聊乏味。接下来我们稍微偏离正题，先好好地区分一下这两个定义。

原型

原型"archetyp"一词源于古希腊语中的"arché"（意为"初始""原本"）加上"typos"（意为"类型/重印"）。在衍生语义中指的是影响了一大批人的某种经历、行动和角色的原始形式。卡尔·古斯塔夫·荣格在深度心理学中引入了重复出现于梦境、宗教、童话和占星卜算中的"原型"概念。

不管是出生/死亡、父亲/母亲或者是英雄/仇敌，"我们是梦的素材"（威廉·莎士比亚《暴风雨》），而我们的故事也是一样。利用这些能被公众认同的素材可以塑造出独特的个性形象。比如哈利·波特和《魔戒》中的弗洛多都属于"愤怒的英雄"这一类经典原型，他们必须被他人说服才会踏上征程。正因如此，他们需要一个坚实的基础，那就是能陪伴他们一路历险的朋友。这两个角色都富有同情心并且很忠诚，但他们又都是独特的人物形象，拥有各不相同的特性、弱点和外表。虽然两者都是按照同一种原型塑造出来的，但都不落窠臼，他们被刻画得入木三分，有的时候也很难用常理去推测他们。其他通过截然不同的方式加工而成的原型形象主要有孤胆英雄（詹姆斯·邦德、蝙蝠侠、印地安纳·琼斯）、纯真少年（《绿野仙踪》里的多丽丝、梦游仙境的爱丽丝）以及老奸巨猾的骗子（《蝙蝠侠》中的小丑，德国传说中的捣蛋鬼提尔）等。

刻板印象

刻板印象"stereotyp"一词来自希腊语中的"stereós"（意为"经久的""立体的"）加上"týpos"（"以这种形式""……的形式"）。顾名思义，这个词指的是刻板的范本。在社会学中，刻板印象大多有意无意地被用来把人区分开。叙事中的刻板印象式的人物则特指一部分容易预料而且总是大同小异的性格。哪怕把这样的刻板印象安插到另外一个故事里，他们也永远不会发生多大的变化。遗憾的是，这样的例子有很多：脸上有胡茬的私家侦探以及他那间烟熏火燎、挂着吊扇、垂着百叶窗的办公室，报刊亭里说话带外国口音的外裔摊主，身居美国的意大利黑社会分子，身材丰满、脑袋不太灵光的金发美女，等等。经典原型是以初始原型为**出发点**来构建人物形象，而刻板印象却是把特定的、重复的模式当成了**结果**。

品牌导师原型

在《故事战争》一书以及附带的网上资料中，约拿·萨科斯列举了 15 种原型，他们的个性与价值观分别对应了各个主人公不同的成长需求和价值观。

先驱者

先驱者见图 5-3。

图 5-3　先驱者

Jeep 公司有一则时长 60 秒的广告《筑建自由》，这是一部由从幼儿时期到成年的场景所组成的拼贴作品，配着颇具怀旧色彩的背景音乐鲍勃·迪伦的歌，吉普大切诺基则默默无言地作为旅途的一部分出现在各个年龄段的场景中。童年和青少年时期以暖色调出现，所有场景都发生在大自然中。

"你想满足自己的好奇，因为你想要更多地看、更多地做，而万事万物都等待被揭秘。"

然后开始了成年生活的前几幕场景。画面呈现为泛蓝的冷色调，办公室的氛围非常鲜明。

"变化渐渐发生。人们告诉你说，什么该做，什么又不该做。渐渐地，世界开始变小了。"

Jeep 号召观众找回少年时代的感受，并且要永不停止地投入这个世界。这时画面重新变为暖色调，镜头重新转向了室外。

"你仍在此地，你仍然是你。地平线并未逝去，而你需要的工具就在这里，让你能一头扎进广阔天地。"

开路先锋热爱未知事物，他们喜欢追寻新的解决方式、新的路线。大胆的新创意会让他们心跳加速。

反叛者

反叛者见图 5-4。

图 5-4　反叛者

一把锤子飞向一面巨大的屏幕，而数百名步调一致的人正面无表情地盯着这面屏幕。"在 1 月 24 日，苹果电脑将推出麦金塔（Macintosh）。你们将看到，为什么 1984 不会像《1984》。"

反叛者寻找着富有创意的解决方式来挑战现状，并打破根深蒂固的体系、对抗强势与专制。

魔术师

魔术师见图 5-5。

图 5-5　魔术师

一对中年夫妇在夜里聊天，因为太太睡不着觉，与丈夫渐行渐远的这个念头让她焦虑不安。他们如今能聊的所有内容不过是账单和工作。丈夫倾听着，却不知道该说些什么，他无意识的行为恰恰证实了妻子的说法。最让妻子烦扰的是丈夫不再像从前她还年轻时那样能对她说一些特别的话语。丈夫无可奈何地叹气，妻子则满是怀旧地盯着空气。然后，丈夫靠向妻子，用唐老鸭的嗓音对她说了一句"我爱你"，妻子笑了起来。（迪士尼广告《魔法发生》）

魔术师能在别人认为不可能的地方找到工具和途径。他相信想象的力量，并喜欢给他人带去惊喜，虽然他并不一定会透露魔术的秘密。

小丑

小丑见图 5-6。

图 5 - 6　小丑

男士护肤品系列 Old Spice 曾一度濒临下架，但在 2010 年该系列采用了新的人物形象；广告舍弃了专业人士的推介，改用讽刺怪诞的娱乐风格，并通过一名辨识度高、很有吸引力的人物形象加以体现。这则《你的男人可以闻起来像这个男人》在极短的时间内爆红，在 YouTube 上的观看量迄今已经超过 5 200 万次。通过互动性质的内容、视频游戏甚至是伪造的网站，Old Spice 将它俏皮风趣的创意进行到底。它的 Instagram 页面内容也绝对不是枯燥乏味的化妆品推介。

小丑通过幽默的力量打破我们自身性格上的或者是体制方面的高墙。他也许会显得天真而滑稽，但有时能通过有智慧而出人意料的方式披露我们的弱点。

船长

船长见图 5 - 7。

图 5 - 7　船长

耐克广告《最后》是一则 60 秒的短片，描述的是在马拉松比赛中最后一个跑到终点的参赛者。暮色已经降临，观众早就全部离场，清洁工已经开始清扫大街上的塑料瓶。一个声音伴随着福音赞歌"Every little bit hurts"（无处不痛）开始解说。

"如果你查询'马拉松'这个词，你会知道，第一位跑完 26.2 英里①的人死掉了。他死了，而他是一位善跑者。你不是一名善跑者，更不是一名马拉松赛手。但在最后时刻，你就是了。"

作为领头人的船长强有力地带着主人公前行，他给予众人信任和希望，眼里有着清晰的目标。

辩护者

辩护者见图 5-8。

图 5-8　辩护者

美国运动饮料品牌佳得乐（Gatorade）想要扩展自己的目标群体，想打开除了专业运动员之外的更为广阔的市场。因此，公司推出了名为《再战》的系列片，一开始只针对网络宣传设计了方案，在短时间内就大获成功，于是接着在电视上推出了续集。广告背后

---

① 1 英里＝1.609 344 千米。

的创意很简单，那就是：如果有机会重来一次人生中最重要的一场比赛，你会怎么做？为此，公司花了大把时间调查各种高中运动和竞赛项目中曾经的终极对手，这些人出于种种原因提前中断了比赛，又或者是赛事的结果大有争议。大多数的男性赛手如今已经年过三十，不再像从前那样矫健灵活，这些人得到了一次弥补的机会。这批曾经的赛手和团队背后的故事以及他们的准备工作被《再战》系列短片记录了下来。

辩护者出手帮助那些非常值得欣赏却也非常弱势、无法自卫的美好的事物和人。他们任由别人跑在前面，而更愿意保存那些对自己而言美好神圣的东西。

缪斯

缪斯见图 5-9。

图 5-9　缪斯

两个互相不相识的人亲吻着彼此——时尚品牌 Wren 2014 年的这个既简单又精彩的创意打动了 1 100 多万颗心。这则名为"初吻"的广告讲述了一个能获得所有人认同的故事，视频画面通过极简但又亲密的黑白美感打动了观众。

缪斯通过美、创造性和爱引导主人公打破常规，并赋予他灵感。

教授

教授见图 5-10。

图 5-10 教授

德赞臣让患者在公司名为"更好地感受生活"的平台上讲述自己是如何战胜疾病、重返正常人生的故事。这些故事都围绕着子公司强生的研究重点展开，即肿瘤学、免疫学、神经病学/精神病学以及传染疾病。通过患者的故事，读者产生了兴趣，并开始了解与病症和治疗方式相关的各种深度信息。

教授在深层次上追寻更广博的知识。他并不依赖偶然的发现，而是以牢靠的事实和研究为依据，并乐于分享自己的研究成果。

炼金师

炼金师见图 5-11。

图 5-11 炼金师

在雇主品牌视频《童真想象力——我妈妈在 GE 的工作》中处处透着迪士尼式的感觉，它吸引的观众已超过 200 万。视频中，一名小姑娘用简单的、童话式的画面把妈妈在通用电气公司（GE）的工作内容转述出来：妈妈建造了由月亮供电的水下鼓风机、能握在手掌里的医院、和绿树成了好朋友的火车等。

炼金师相信科学。他运用自然的法则并以之为基础创造新的事物。

和平卫士

和平卫士见图 5 - 12。

图 5 - 12　和平卫士

绿色和平组织活动家乘坐橡皮艇追踪捕鲸人员的画面几乎深深留在了所有人的脑海中，这些画面诠释的是这个非政府组织背后的"大卫大战巨人歌利亚"的故事。借助宣传行动"成为大卫"以及同名广告片，该组织于 2012 年在瑞士呼吁人们采取行动"对抗这个世界的歌利亚"。片中展示了这样一个世界：在这里，所有儿童、饭店、足球运动员等都变成了大卫，于是巨人歌利亚也就不再那么强大了。

和平卫士是对抗暴力与混乱的。他带着热情展开外交、发扬同情心，并以身作则走在前方。

预言者

预言者见图 5 - 13。

图 5 - 13　预言者

在 2014 年的 dmexco 数字营销博览会上，谷歌搭建了一个小型的村落，在那里，人们可以近距离地体验器具和信息统统被数字化联网的未来生活。参观者可以突破住宅或者组织等各种限制而在不同的场所之间畅行；通过具体的场景，他们可以生动地感受谷歌所预见的未来。

预言者相信普遍的真理，他从自己经年累月的智慧中总结出绝不会折中的原则，并用它来引导主人公。

见证者

见证者见图 5 - 14。

图 5 - 14　见证者

2015 年 5 月 2 日，英国威廉王子和凯特王妃的第二个皇室骄子诞生。为了纪念这件举国欢庆的盛事，纸尿裤品牌帮宝适（Pampers）英国公司跟踪采访了在同一天迎来了新生宝宝的几个家庭，然后制作了短片《每一个宝宝都是王子或公主》，它庆祝每一个新生儿的降临，无论家世出身。

侦探

侦探见图 5 - 15。

图 5 - 15　侦探

谷歌广告《重聚》讲述了两位老人的故事：巴尔德夫和尤素夫这对童年玩伴成年后分隔两地。巴尔德夫有一个住在德里的孙女，她在谷歌查询的帮助下以爷爷讲述的故事作为线索找到了生活在另一地的尤素夫。在故事的结尾，尤素夫老人在老朋友过生日时出人意料地站到了对方面前。

当出现他人无法解释的矛盾和神秘事件时，侦探作为局外人收集信息和证据。他相信事实的力量，但他也懂得在推理过程中发挥创造力。

建筑师

建筑师见图 5 - 16。

图 5 - 16　建筑师

技术集团博世 2014 年邀请来自世界各地的 6 名年轻人，请他们了解并记录各式各样的供应商应用程序。广告片《博世全球体验》让观众了解到：除了工具和冰箱之外，博世还实现了更多更广的创新。参与者将自己体验到和学到的一切分享在博客以及各种社交媒体上，从而帮助这家发源于德国施瓦本地区的企业打造出更年轻、更有创新力的品牌新形象。

建筑师为复杂的问题寻找理性的解决方式，他热爱能帮助他理清混乱并能规划未来的模式和体系。

治疗师

治疗师见图 5 - 17。

图 5 - 17　治疗师

TOMS Shoes 在它产品的 DNS 中就自带了治疗师的功能。顾客每购买一双鞋，该公司就会为全世界的贫困儿童捐赠一双鞋。这个故事通过所有的交流渠道进行了相应的传播，从而向 TOMS Shoes 的粉丝们展示了企业的资助工作具体是如何进行的。

治疗师觉得自己有义务去帮助别人、去抚慰他人的痛苦，而对其他同样在牺牲自我的人而言，他则是坚强的后盾。

原型类别总结在表 5-2 中。

表 5-2　原型类别一览

原型	让主人公获得的能力	价值
先驱者	独立自主（丰富性）	乐观、勇气、进步、创造力
反叛者	打破规则（独特性）	乐观、自由、进步、表达力
魔术师	变化（趣味性、美感）	乐观、乐趣、想象力
小丑	获得乐趣（趣味性）	好奇、乐趣、诚实
船长	掌控/领导（完美，全体性）	信念、远见、勇气
辩护者	维护传统（简单、美、公正）	安全、公正、规划
缪斯	发现美（美、独一无二性）	好奇、自由、谦逊、表达力
教授	发现新知（完美、丰富、简单）	好奇、诚实、慷慨、正直
炼金师	运用新知（集体、丰富、简单）	好奇、进步、远见
和平卫士	致力于公正（集体、完美、独特）	同情、尊重、勇气、无私
预言者	辨明方向（公正、简单、真实）	信念、传统、公正
见证者	揭露不公（公正、真相）	安全、公正、爱
侦探	解开谜题（公正、完美、简单）	好奇、精准、公正、规划
建筑师	创造新事物（完美、独特）	能力、效率、诚实、创造力
治疗师	关怀他人（集体）	健康、爱、富足、规划

有一点必须明白：这 15 种导师形象远远不能概括所有的类别，并且不能一对一地转用到所有的企业中去。恰恰相反，世界上有着成百上千的原型，通过它们又可以塑造出截然不同的各种角色。企业即使还不清楚自己所要扮演的导师应该归为哪一类，但最重要的是必须认识到：利益相关各方的成长需求以及共同的价值是构架叙事的关键核心，要想通过诚信的方式赢得关注与忠诚度，它们就是基石。

思考题

1. 您希望扮演哪一种类型的导师角色（激励他人、贡献知识、提供工具、自我牺牲）？

2. 约拿·萨科斯的哪一种原型适合您？

3. 您能否找到一种属于自己的原型？

4. 有哪些企业和您的原型很相似？

5. 您能否精确定义出帮助主人公（您的员工/客户）的方式方法？

以原型代替套路——三大可持续发展品牌的特点比较

可持续发展是消费产品领域的最大趋势之一，它能让我们的环境和社会大受裨益。对于企业而言，它却是品牌推广中面临的一项新挑战，因为把可持续性作为独特卖点的做法已然过时。因此，可持续性产品必须拥有极具个性的特色并开发出属于自己的角色。如果企业能够通过鲜明的个性为品牌或者导师角色成功定位，并从众多的绿色产品或同类别产品中脱颖而出，它才能够被自己的主人公看到、听到。

巴塔哥尼亚

1972年，44岁的大岩壁登山爱好者以伊冯·裘因纳德（Yvon Chouinard）在加利福尼亚创建了自己的企业巴塔哥尼亚（Patagonia），销售以岩钉为主的登山装备。当裘因纳德发现自己的主打商品会对岩壁造成相当程度的损害时，他果断撤掉了这些产品。巴塔哥尼亚公司甚至还建议自己的顾客去别的地方购买岩钉。公司在自己的产品目录中对这一决定进行了详细说明，同时还非常直观形象地解释了在攀岩中如何使用替代品。虽然这个决定可能会导致营业额下滑70％，但它是企业最为关键的一个转变。这一转变一直延续至今，并且赋予了企业固定的特性。

巴塔哥尼亚以对待朋友的态度对待自己的顾客，它会非常透明地介绍哪些产品会对环境产生什么样的影响，让顾客自己决定要购买什么，在哪里购买。这是企业走向"讲故事"的第一步：企业以平等的眼光将顾客看作主人公；在他们做决定的过程中，导师负责提供信息、为他们说明并不了解的情况。

今天的巴塔哥尼亚讲故事的方式主要集中在中短篇视频方面。《Worn Wear》就是一部30分钟的纪录片（见图5-18），片中由七名冒险者讲述了各自精彩的户外运动经历以及所使用的装备在冒险途中发生了怎样的故事。在它的一个页面上，用户可以读到更多内容，同时还能上传自己的故事。巴塔哥尼亚是这样描述该项目的：

"它是'黑色星期五'以及'网络星期一'购物狂潮的一剂解

药，它邀请你来欢庆自己已经拥有的东西。"

图 5－18　《Worn Wear》广告

　　接下来的又一部纪录片《诅咒》讨论的是水坝带来的灾难性危害，这部纪录片让巴塔哥尼亚在不同电影节上获得了好几个奖项。

　　"我们运用故事并不仅仅是想要让其他人行动起来，我们还想要他们去启发激励更多的人。支持草根运动是我们悠久历史中的组成部分。实际上，付出行为总是发生在同一个地方，那就是在大自然里；我们在大自然里度过时光，并感受它的变化。这样的行为可以为那些想要通过非常自然的方式保护环境的人提供帮助。它能促成一种真正的行为态度，让处在这些情况中的人经历一种过程。我们的任务是，激活、加速这一过程并鼓励人们行动起来。"（全球营销副主席乔伊·霍华德，2014 年 11 月）

　　按照萨科斯的导师原型来分类，巴塔哥尼亚大概是一种由先驱者（户外体验）、治疗师（可持续性）、船长（清晰的行动愿景）以及见证者（揭露弊病）所组成的混合体。它的主人公所关心的成长需求则是完整、公平和丰富多样。与之对应的价值观主要有自由、透明度、个人责任。

Innocent Drinks

成立于 1998 年的 Innocent Drinks 虽然现在已有 90％属于可口可乐公司，但该企业仍保持了个性鲜明的特色。这家饮料制造商把讲故事的焦点放在了自己的文案与图片编辑上，还有不断出现的口号：小事物也能产生大影响；给自己一点好的东西，也是在为他人做贡献。这些在企业的创建史中就已经有所反映，如果不是有大批的人从一开始就贡献出自己的一份力量，企业大概就创建不起来（见图 5-19）。

图 5-19　Innocent Drinks 创业故事

"我们的存在，是为了让每个人都能非常轻松地给自己一点好的东西（而且它的味道还超级棒）。我们的故事始于 1998 年，创建人理查德、乔恩、亚当想出了一个制作冰沙的创意。他们花 500 英镑来购买水果，将它们制成果味冰沙在伦敦的一次爵士音乐节上出售。他们在摊位前挂了一个牌子，上面写了一个问题：'我们是否应该辞职转行来继续做果昔？'在牌子下面他们摆了两个垃圾桶，一个写'是'，另一个写'否'。到了星期天晚上一看，写着'是'的那个桶里装满了空瓶子。星期一，他们去上班时辞了职，开始筹建 Innocent。

"从那之后，我们开始制作果昔和饮料。我们的要求始终如一：我们想要为你提供天然美味的、让你生活得更健康的饮料，与此同时我们也想为环境做一点贡献。"

在"美味，健康"的口号之下，该企业不断寻找各种办法通过日常生活中的小举措来让自己、环境和社会受益。比如，在题为"善之链"的视频中，宿醉后的马克在超市决定买一瓶 Innocent Drinks 的饮料，从而触发了小小的连锁反应，为秘鲁的某个小家庭带去了欢乐。不过，以社交媒体为主进行传播并不总是围绕着果昔打转。企业通过主题标签＃letslovestorm 呼吁自己的粉丝在 Twitter 等媒体上分享积极正面的讯息以抵制社交频道中经常出现的谩骂风暴（shitstorm），通过这一行动收集到的博文超过 12 000 多则。

Innocent 公司采用了童稚、多彩的画面语言，他们所讲述的众多正能量故事不仅能让人会心一笑，更能鼓励大家行动起来，因而它兼具治疗师（公益贡献）、船长（引导行动）和缪斯（激发欢乐时刻）的功能。对它产生最浓厚兴趣的一类人都追求简单、公平和俏皮，有着健康、环保、乐观等价值观。

独角兽

柏林的一家初创企业独角兽公司成立于2015年初，它所经营的产品之一是装在薯片袋子里出售的、符合公平贸易和可持续性生产

的安全套。该产品销售额的 50％将重新投入到社会项目以及可持续
性项目中去。创建人瓦尔德马·蔡勒（Waldemar Zeiler）和菲利
普·泽费尔（Philip Ziefer）通过众筹行动拉开了筹建公司的序幕，
当时他们获得的资金超过十万欧元。

"我们要出售的产品还根本不存在。市场营销的至尊原则是：
你能成功地让人们事先就把钱给你，并期盼着产品能在几个月之内
就生产完成，这比任何一种用户调查都更好"，公司创建人瓦尔德
马·蔡勒在与我的谈话中这样说道。

两位创始人在众筹行动的视频中就已经为他们怎样讲故事奠定
了基调，成功地在严肃的解释说明与肆意的逗趣娱乐之间达成了平
衡（见图 5 - 20）。紧随其后的还有其他一些行动，比如在勃兰登堡
大门前的一个争取更多高潮权利的游行；还有一个网络系列视频，模
仿纪录片的风格报道寻找新 CEO 的过程。瓦尔德马·蔡勒还介绍了
企业的历史以及对故事的运用，不管是在对外的品牌营销还是对内的
企业文化、人员招聘等各个方面，讲故事都产生了深远的影响。

图 5 - 20　独角兽广告

"我们想要建立一个生活风尚品牌，品牌目标是：公平和可持续性，同时完全透明化。与此同时，我们也希望能够把我们的个性以及通过笑话和幽默制造的乐趣添加进去。我们的特点、我们的产品、我们团队的个性以及我们吸引过来的疯狂的人们，都是我们能不断拿出新创意的原因。

　　"在开始之前，我们已经定义好了自己的基本价值。其中一个是'fairstainable'，这是一个由'fair'（公平）和'sustainable'（可持续性）组成的混合词：不管做什么，我们总是会检验其公平性和可持续性。第二个价值是'unicornique'，即'unicorn'（独角兽）和'unique'（独一无二）。当觉得某个东西很无聊时，任何一名员工都可以否决掉。这迫使我们重新考虑那些没有特色的东西。这一点从产品本身就开始了：我们不把商品装在方盒子里出售，而是使用薯片袋子。我们有各式各样难以计数的设计，并且用诙谐幽默的方式来处理主题，也就是要远离医药产品。对我们而言，这是一种生活时尚产品。当计划进行一项行动时，我们首先会问自己，这一行动是否称得上'unicornique'。答案如果是否定的，我们就不会展开这个行动。最后的一个价值是'fug'，即'fight'（战斗）和'hug'（拥抱）。菲利普和我经常因为五花八门的东西发生争吵，但我们发现，即使这让人在情绪方面极度紧张疲惫，但得到的结果往往是很棒的。因为你咬我我咬你并不是长久的解决办法，所以我们决定：虽然允许争吵，但吵完后要马上拥抱彼此。在这个公司内部也是这样，我们虽然允许以良好目的为前提争吵，但之后必须互相拥抱，然后就没事了。在我们这里不会有任何一天会把糟糕的感受留过夜。这就是我们公司的三个基本价值。

"职位描述文案是这样开始的：我们相互之间直接称呼'你'，我们始终身处我们的魔法丛林，永远把专业性与疯狂混合在一起。在投简历页面之前我们总是会额外开通一个游戏或心理测试。应聘者通过 StepStone 求职网页上的 CEO 职位描述会先进入一个测试，只有通过的人才会收到邮件、了解相关信息以及应聘手续。在可持续发展主管一职的页面上我们加了一个记忆力游戏，在游戏里必须把橡胶种植的价值创造链正确进行归纳分类。这个游戏大受欢迎，使用次数现在已经超过 800 次，其中也包括很多根本不打算应聘的人。仅仅打出一个会引来应聘者的招聘广告，这可算不上是 unicornique，对我们来说绝对是不够的。我们尝试把任何事情都通过非常独特的方式去做，想以此唤起公众对品牌的兴趣。

"那些走完了全部流程、被我们聘用的人通过这个过程很好地了解了企业的方向。"

以萨科斯的导师类型来看，独角兽公司可以算是治疗师（fairstainable）、反叛者（争吵和拥抱）以及小丑（unicornique）的三合一版，它的主要方向是促进公平公正、保持独一无二以及俏皮风趣。不过，传奇和故事以及人类历史中还有很多其他的原型可供企业创造性地加以利用。独角兽公司的名字本身就标志着一种类型，它不只是为"让魔法发生"这一广告词带来了灵感。"独角兽在所有神话中都是最高贵的异兽，不管在哪个故事中它都无一例外地代表着善良美好。也难怪，企业会以独角兽为名，因为购买一个独角兽安全套就是选择了善良美好，选择了美好的性爱，选择了良知以及优秀的品位"，在企业的官方新闻区里是这样阐述的。对此，瓦尔德马·蔡勒在谈话中补充道：

"品牌名在某个时候就这么出现了。我们考虑过不同的名称和商标，最后觉得独角兽再合适不过。我们的要求始终都是构建社会独角兽（Social Unicorns），而这一文字游戏当然也很贴切。人人都喜欢独角兽。达芬奇有一个非常棒的故事：只有当独角兽躺在少女的膝盖上睡觉时，它才会被人捕获；兽角还能够治疗一切疾病。最后，大家的意见达成一致，觉得必须要叫独角兽，因为它包含了非常多的层面。这样一来，它也就不单单是一个男性品牌了。购买安全套的人中男女比例是一样的，因此，我们必须选择一个不那么强势的事物。过于单一地面向男性目标群的错误我们并不想犯。独角兽有着童话色彩，同时是一个代表强劲马力的超棒象征物，因而也能吸引男性。"

瓦尔德马·蔡勒最后再次总结了可持续性这个话题中的故事价值。

"现在回想起来，很多人都说安全套是非常有回报的产品，我其实并不这么想。如果事先考察一下安全套市场，几乎不会有人认为能找出一个独家卖点。可持续性和透明度扮演着重要的角色。Y世代是最大的买家，而这一代人不再会被人糊弄了。他们会问：东西是从哪里来的，它们是怎么被制造出来的。这是一个了不得的机遇，即使对最普通的、满大街都有的商品而言也是如此。公平贸易手机 Fairphone 是另外一个特别好的例子，因为尽管有设计上很经典的 iPhone 和技术上很专业的三星，Fairphone 仅仅因为它的可持续性而销路大开。商品之所以能一售而空，原因很简单，因为它们讲述了一个超棒的故事。"

思考题

1. 对所选择的导师类型您能提供哪些独有的特点?

2. 它们体现了哪些特有的价值?

3. 您想要通过什么方式和您的主人公交谈?

引用事例

李施德林广告《为了更多的微笑》: http://www.listerine.de/fuermehrlaecheln.

Jeep 广告《筑建自由》: https://vimeo.com/78018457.

迪士尼广告《魔法发生》: https://www.youtube.com/watch? v=PA93vBjD4EU.

Old Spice 广告《你的男人可以闻起来像这个男人》: https://www.youtube.com/watch? v=owGykVbfgUE.

耐克广告《最后》: https://www.youtube.com/watch? v=OxunzQQNgQM.

德赞臣《更好地感受生活》: http://www.mehr-leben-im-leben.de/.

佳得乐广告《再战》: https://en.wikipedia.org/wiki/REPLAY_the_Series.

通用电气广告《童真想象力——我妈妈在 GE 的工作》: https://www.youtube.com/watch? v=Co0qkWRqTdM.

绿色和平组织广告《成为大卫》: https://www.youtube.com/watch? v=Nc98y0Dfx3Y.

英国帮宝适广告《每一个宝宝都是王子或公主》: https://

www. youtube. com/watch? v＝QYi67tH_290.

《博世全球体验》：http：//www. bosch. com/de/com/boschglobal/bosch_world_experience/the_adventure/the_adventure. html.

巴塔哥尼亚广告《Worn Wear》：http：//wornwear. patagonia. com/.

巴塔哥尼亚广告《诅咒》：http：//damnationfilm. com/.

Innocent Drinks 广告《善之链》：https：//www. youtube. com/watch? v＝SNiarYmovow.

Innocent Drinks 广告 "＃letslovestorm"：https：//www. letslovestorm. com/.

独角兽公司众筹广告：https：//www. youtube. com/watch? v＝-hMpiYnvoxw.

第 6 章

以顾客和员工为主人公的七种剧情

"对我们讲故事的方式有根本性影响的剧情的确只有为数不多的几个，这使得讲述者几乎不可能摆脱它们。"

在《七种基本剧情——我们为什么要讲故事》一书中，记者克里斯托夫·布克于 2004 年为自己长达 34 年的调查研究做出了总结。根据他的分析，任何故事都至少可以归纳到七大剧情中的某一种中，除了少数的例外情况。企业可以创造性地运用这些剧情模板来构架以自己为导师、以目标群为主角的故事。

战胜怪兽

虽然布克的七大剧情类型都可以在英雄之旅中出现，但战胜怪兽的故事是最为相似的（见图 6-1）。主人公的任务是，打败一个本性大多非常邪恶的敌对势力。

图 6 - 1　战胜怪兽

　　这样的例子有：贝奥武夫、大卫大战歌利亚、詹姆斯·邦德、星球大战、饥饿游戏、史瑞克、魔戒，或者也可以是超级玛丽游戏等。

　　虽然怪兽最终必定会被打败，但对布克而言最为重要的是攻克的过程中发生了什么。因此，他将经典的怪兽剧情描述为以下五个部分。

　　● 预感：主人公发现了怪兽出没的迹象，这可能是从外界获得的信息，也可能是因为怪兽的事情已闹得远近皆知。冒险的召唤由此而发，准备工作开始进行。

　　● 梦：与怪兽本人或他派来的使者有了初步接触。一开始，主人公看似毫无困难地应付了这件事，又或者怪兽和主人公开始接近彼此，但危险好像还离得很远。

　　● 失望：在与怪兽对峙的过程中，主人公经历了失败。怪兽再度发现自己凌驾于一切之上，并展示出自己狂暴的力量。

　　● 噩梦：最后的考验引向一场生死决战，只有一方能够获胜。

对主人公而言，事态看上去已毫无希望。

● 奇迹逃生：主人公最终通过勇气、能力和机智杀死了怪兽，并摧毁了对方的势力。被怪兽压迫的人们得到了解放，而主人公作为胜利者受到了颂扬。作为象征性的结局，主人公至少会得到三大奖赏中的一项：一个宝物、一个王国或者是一位公主（如果是女主人公的话，则会得到一位王子）。这些奖品主要是物质性的，但最重要的奖励是主人公新的社会地位。

怪兽可能会以不同的形式出现：人类、动物或者半人半兽的混合。它常常在外观或者内心方面有野兽的特征——但这并非必要条件。它也可能是一种广义上的象征，比如一个必须攻克的问题。在故事的进程中，怪兽至少会扮演三种角色中的一种：强盗（寻找猎物）、看守（"保护"宝物或者看管等待救援者），以及复仇者（宝物被劫并开始追捕"盗宝人"）。

怪兽是弱势者反抗强势对手的典型故事情节。为了获胜，主人公必须拥有极大的勇气和力量。不管是耐克的《Just Do It》还是苹果的《Think Different》广告，都能看到这一情节在品牌故事中得到了极为频繁的使用，因为它最能清楚地定义主人公和导师之间的角色分配。

思考题 ————————————————————————

1. 您的主人公是否必须对抗某个强大的对手、通过某个勇气考验或者是其他的挑战？

2. 这个对手或挑战又是什么样的？

————————————————

从洗碗工人到百万富翁

主人公拥有权力、财富以及/或者伴侣，往往又失去了这一切，而当他的人格得到了进一步提升之后，他又重新赢回了一切。从洗碗工人到百万富翁见图 6-2。

图6-2　从洗碗工人到百万富翁

例子：灰姑娘、大卫·科波菲尔、丑小鸭、贫民窟百万富翁、华尔街之狼、阿拉丁。

这些情节有几个很常见的变形版本。比如被奴役的儿童、毫无成就的艺术家、孤独的发明家或者是漫无目的的流浪汉。白手起家剧情的流程通常是这样的：

● 最初的惨状以及行动的召唤：故事始于一名非常年轻的主人公，来自社会最底层的家庭，生活过得很不幸福。对手——形式五花八门，比如恶毒的继母，又或者是不择手段的黑社会老大——在虐待、压迫主人公。一天，在某种征兆的推动下，主人公开始逃离或者被派遣了出去。

● 离家后的首次成功：在面对几次挑战并获得了初步的成功、赢得了奖赏之后，主人公对自己光荣的使命做出了一番展望。如果主人公是女性，她此时也许已经遇到了自己的王子，并且在对手面前占了上风，不过，她仍然还得学习若干的本领才能赢得最终的胜利。

● 核心危机：最初的成果被夺走，早前的对头再度出现。主人公处于故事中最糟糕的阶段，形势看似已经到了山穷水尽的地步。

● 独立以及考验：现在，主人公只能自力更生，他没了帮手和辅助工具。他依靠自己的力量重新奋发向上，证明了他有能力独立实现自己的目标，因而对获得的成功也的确当之无愧。最终的一次考验展示了主人公新的长项。

● 完美与圆满：最终，主人公以胜利者之姿出现，成功赢得了宝物、王国或者伴侣。

与所有其他的剧情相比，这里的重点主要是主人公的成长。即使故事从表面上看是围绕着主人公所获得的物质财富展开的，但核心在于主人公一路上的成长转变。白手起家的故事虽然在较为贫穷的大众群体中充当着希望的载体，却能在任何文化层中找到。即使在幼儿故事中它们也占有重要地位，这样的故事从小教育人们：想要成功就必须努力奋斗。

"美国梦"（American Dream）是从洗碗工到大富翁故事的一个象征符号。因此，这一剧情在西方消费世界中有着牢固的地位。作为这一类故事情节中的导师角色，企业可以激励目标群依靠自己的力量来超越自我，比如赞扬作为主人公的受众所取得的成就。

英特尔公司在一部时长 30 秒的视频中以对待摇滚巨星的方式让公司员工阿杰伊·巴特隆重登场：尖叫的粉丝索要签名，保镖开路、闪光灯此起彼伏，因为巴特是 USB 端口的发明者之一。在"未来赞助商"这一口号下，该广告宣告："我们的巨星和你们的不同"。

思考题

1. 您的主人公是否将自身的进一步发展当作关键需求？
2. 他能得到哪种形式的利益？

探寻

主人公和几位伙伴一起踏上了艰辛的旅程奔赴所向往的地方、对象或是人。探寻见图 6 - 3。

图 6 - 3　探寻

例子：奥德修斯、朝圣旅程、唐吉诃德、金银岛、魔戒。

在这个故事情节中，主人公大多并不是独自一人，有其他人物陪伴着他，伙伴们的个性与主人公形成对比或者互补，这样就让主人公的性格显得更有层次。他的伙伴大致可以归纳为以下四种类型：

1. 一个没有名字的大群体，其中的大部分人会在冒险途中死去，比如奥德修斯的士兵们。

2. 一位老朋友，对主人公非常忠诚，但也仅此而已，比如《魔戒》里的山姆。

3. 挑衅的第二自我，他与主人公形成对比，比如摩斯的兄弟亚伦。

4. 一个拥有不同个性的小群体，每个人都有着自己的故事，他们的能力往往彼此互补，比如小说《沃特希普荒原》里的兔子。

这一剧情也是以著名的五幕形式来构架的。

● 召唤以及出发前的准备工作：主人公必须离开。触发他这一行为的原因五花八门：他必须找到某个宝物或者某处地方来拯救自己的家园、他试图找到一个新的家园、他是逃奴并且想要解放其他的奴隶等。主人公获得了超自然的或者意料之外的助力，又或者有人告诉他应该朝着什么方向前行。虽然目标还很不明确，但他已经知道最初的行程该如何展开。

● 危险的旅程：这支队伍踏上旅程、走过危险丛生的地带；一路上不时会出现一些障碍，主人公和同伴们必须不断战胜它们。障碍的形式各不相同，如果失败的话，等待主人公的可能会是死亡、被囚、分裂、失控。这类似于《奥德赛》中必须前往地狱以便进一步获取信息的情形。在这一斗争和考验的过程中，也不时会有休战阶段，这时，团队会得到助力和建议以便进入下一个阶段。

● 到达和失望，因为追寻的旅程尚未结束：主人公到达了他所以为的旅程终点，却失望地发现，路并没有走完，因为那里还有更多的障碍在等着他。比如奥德修斯，他虽然回到了家乡，但发现他还必须打败背叛者、克服险恶等。

● 最后的、不断升级的考验：最后的一系列试炼——大多会有三次——对主人公进行了最终的考验。接下来通常会有一次紧张惊险的逃跑。

● 实现目标并结束追寻：主人公赢得了宝物、王国或者爱情。

我们中间的很多人都追寻过某种宝贵的东西，哪怕寻的仅仅只是新的工作。我们想让自身成长发展并制定新的目标来让我们的人生变得有意义。在不断努力的过程中，我们获得的奖赏大多与遭遇的障碍成正比，前提是我们能够成功实现目标。

企业也可以借助"探寻"这一类情节支持和帮助自己的主人公去探寻意义以及新的目标，并且传播友谊与团队合作这一类的价值观。

"有了这么多耗资极低的技术和网络，你还有什么不能改善？还有什么不能联通？还有什么样的信息不能被你挖掘成为新的认知？还有什么样的服务是你不能为客户、市民、学生或者病人提供的？"

IBM 在其"Smarter Planet"广告中向顾客提出了这样的问题，同时也在广告中推介了以 IBM 技术为基础的各项创新。

思考题 ————————————————————

您的主人公有没有渴求的对象、有没有想要获取某种物质或者非物质的宝贵东西？

————————————

旅程与回归

　　主人公来到了一个未知的世界，在这里他必须学会应对一切并克服险境，之后他将重新做回自己，带着更多的智慧返回原来的世界。旅程与回归见图6-4。

图6-4　旅程与回归

　　例子：爱丽丝梦游仙境、绿野仙踪、少年派的奇幻漂流、乱世佳人、阿波罗13号、海底总动员、格列佛游记、回到未来。

　　● 从常态跌入另一个世界：主人公大多会失去意识，可能是出于不小心、太天真、太无聊又或者是被东西砸中了脑袋。当他醒过来时，就已经到了一个神秘的异世界，在这里，普通的规律和法则是行不通的。在这个阶段，故事的氛围仍然是轻松而欢乐的。

　　● 梦境似的神奇世界和它谜一般的未知事物：主人公暂时还在享受这个新世界里的探险，并且不断遇到新的谜一般的事物。他还结识了这里的居民，得到了对方的提示，但所谓提示并不总是诚实可信的。

● 越来越阴沉的气氛造成了沮丧无奈：一旦气氛低迷，对冒险的勃勃兴致就会淡去。主人公越来越难以在新的世界里坚持下去，他很快就不能再自己选择要去做什么了。阴影笼罩在他的头顶，这个世界变得越来越阴沉。

● 噩梦和希望破灭：这片阴影现在完全吞噬了主人公的整个世界，他看上去正在走向毁灭。

● 惊险脱逃和重返常态：正当一切看似就要玩完时，主人公找到了一条返回从前世界的路。经历了这一切的他变得更成熟也更谨慎。

"探寻"情节和"旅程与回归"之间的区别在于：后者的主人公没有明确的目的，一路上的经历就是目的本身。旅行者带上他在途中找到的东西一起前行，他是一名发现者，不知道前方会遇到什么，而最大的奖励就是新的知识。这大概也是儿童书籍为什么会经常使用"旅程与回归"剧情的原因之一，因为这可以鼓励孩子们去攻克未知的领域。

"探寻"这个名称所带来的联想使得这一类的剧情非常适合旅游行业的品牌，当然也并非仅限于该行业。比如，啤酒品牌科罗娜就通过《找到你的海滩》广告将自己的顾客送上了一次个人旅行。科罗娜的问题在于它几乎一直都只被看成度假或者沙滩饮品。因此，新广告呼吁顾客们找到属于自己的心灵海滩，它并不一定就是在沙滩之上。

您的主人公是否有可能在有限的时间内前往一个新地方去获取新的灵感、体验和观点?

喜剧

喜剧的特点是轻松幽默;主人公的目的是开解困惑、澄清误会,并且解决阻碍两个人之间关系的麻烦。喜剧见图 6-5。

图 6-5 喜剧

例子:无事生非、仲夏夜之梦、BJ 单身日记、四个婚礼和一个葬礼。

按照布克的观点,喜剧由三幕构成。

● 阴影:一个平静的世界笼罩上了迷乱、不安、离别和失望的阴影。往往有一个人——大多情况下是主人公或者是大恶人——掌握着理清这一切的钥匙，但不愿交出它来，因为他自己能从这种情况中获利。观众们却了解真相，因此会觉得这个因无知而无畏的人物滑稽可笑。

● 噩梦：混乱的情况逐渐恶化，局面看似无法理清，误会仿佛不可消除，而这种混乱已然成了噩梦。

● 奇妙地解决：在此之前没有认识到的东西浮出水面。真相被揭开，从而麻烦得以解决、人们彼此达成谅解。皆大欢喜的结局在于让分离的人重新团聚、恶人坦承自己的恶行。后者不一定只是落个战败被逐的下场，或许他也有自己的苦衷，在大家达成谅解之后，他也踏进了"好人"的行列。

喜剧粗看上去显得非常简单，并不属于花样繁多且极具挑战性的剧情类型。一部喜剧可能会有爱情剧、闹剧、侦探剧的特点。其中心内容大多是主人公——在喜剧中常常会有好几个主人公——如何澄清他们的误会。

喜剧面临的一大挑战在于它依靠的是以幽默为基础的惊喜和出人意料，但我们作为观众很快就会习惯看过的套路，并且可以越来越快地猜到接下来会发生什么。因此，喜剧的写作者必须不断想出新东西来让我们发笑。

对企业而言，喜剧有着无限的潜能，因为幽默能成为社交频道的决定因素，对此有着不可胜数的范例。比如本田公司重新启用了电影《翘课天才》的梗概套路，描述了主演马修·布罗德里克翘班一天的所作所为。故事和电影中的剧情类似：布罗德里克假装感冒，却跳进了一辆汽车（当然是本田汽车），然后从一站开往下一站，以此来度过一天，一路上还要当心不被自己的经纪人逮到。不过，广告片里的布罗德里克已经比从前老了一点，于是他在旷工的这一天里做的事情也就比他从前扮演的角色菲利斯更成人化一点，尽管他对于临时起意的翘班这种事兴致高昂。以上的内容又都会折射出本田的安全意识。

思考题 ─────────────────────────────────

您是否想要通过惊喜、困惑以及相应的解决办法给您的主人公带去新知？

─────────────────

悲剧

悲剧是怪兽剧情的反转。主人公自己变成了怪兽并且不得不等待被人打败，又或者当他认识到自己的错误后（常常为时已晚）只能牺牲自己。主人公的这一悲剧性结局对其他人物而言却是皆大欢喜，哪怕众人的一部分对主人公有了一定程度的谅解。悲剧见图 6 - 6。

图 6 - 6　悲剧

例子：道林·格雷、疤面煞星、李尔王、鸳鸯大盗邦妮和克莱德、麦克白、尤里乌斯·恺撒。

悲剧有典型的五幕，依次如下：

● 预感：主人公觉得心愿未了，于是把注意力集中到某个目标上，以便让自己再度感到圆满。

● 梦境阶段：主人公履行着自己的使命，而这一使命往往与诱惑性的黑暗力量连为一体。他最初的行动获得了难以置信的成功。哪怕他是用并不光明正大的手段，似乎也没人发现，又或者有人为他做出辩解。主人公越来越堕落，一开始只是在小事情上，渐渐地，程度不断加深。

● 失望：事态对主人公而言越来越糟糕，他再也无法从歧路上走出来。在绝望中，他的行事手段越来越露骨。

● 噩梦：主人公终于完全失控，眼看着注定的结局越来越近，他的绝望感不断攀升。主人公被反对者以及他自己围困住了，无法逃避。

● 毁灭或者寻死：最后的暴力行动导致了主人公的败落。这也许是其他人战胜了主人公，也可能是他自己意识到了自己的错误。如果是后者，此时的主人公已经无法再回头，为了将他的世界从暴力与不公中解放出来，他牺牲了自己。原本的英雄此刻变成了被打败的怪兽。

悲剧展现了我们性格中的阴暗面，它抛出禁果诱惑人们，有时甚至会导致毁灭。虽然悲剧有着阴暗的特点，作为大众的我们仍然会研究悲剧，因为悲剧揭示出我们的弱点会造成什么样的影响，让我们可以从中吸取教训。当看到其他人也遭遇过艰难时期，而我们自身的问题与之相比显得那么无关紧要时，不少人心绪会平和下来，有的人甚至会生出一种心满意足的幸灾乐祸感。悲剧对人性进行了最严厉的考验，良知与欲求之间的冲突是这里的核心焦点。作为观众的我们在观看悲剧时往往会问自己：如果处在同一情景下，我们又会怎么做。悲剧中对不道德行径的惩罚大多是让肇事者失去某些非常宝贵的东西（伴侣、朋友、财富、青春、生命）。

对于企业来说，悲剧是一种很不容易处理的故事形式，因为它建立在人的缺陷和痛苦之上，这是与成长需求相违背甚至是起着反作用的。在涉及严重危害到生命、健康和家庭的场景中采用悲剧剧情是最有意义的，比如呼吁抵制吸烟或者酒后驾驶的科普宣传片等。

思考题

您的主人公做出了哪些有可能导致毁灭的错误决定？

重生

重生见图 6 - 7。

图 6 - 7　重生

在重生剧情中，主人公也存在作为悲剧人物悲惨收场的可能，但他能及时认识到自己的错误，从而以更好的面貌重归正常人生。

例子：美女与野兽、圣诞颂歌、神偷奶爸、青蛙王子、冰雪女王。

以下是重生的三种常见表现形式：

1. 一次惨痛的经历让主人公"清醒"过来并从头开始。

2. 主人公本来缺乏的自信逐渐巩固提高，最终他认识到了自己真正的潜力。

3. 在内心的挣扎中，性格中友好善良的一面战胜了自私自利的一面。

重生是避免悲剧收场的最佳出路，而克里斯托夫·布克对它的五个阶段的描述没那么详细，因为它主要建立在悲剧的基础上。

● 预感：年轻的主人公陷入了黑暗力量的阴影中。

● 梦幻阶段：事态一开始是良好的，一切威胁似乎都能克服。

● 失望：反对者逐渐强大起来，并且无可阻挡地接近主人公。一开始吸引主人公的黑暗力量逐渐掌控了他。

● 噩梦：黑暗力量看似终于控制住了主人公，并且利用他来打击反对者。

● 神奇的结局：另一个人物把主人公从他的"监狱"中解放出来。这个角色可能是主人公善良的那一面。它常常以儿童的形式出现，体现着纯真无邪，向主人公展现了同情心。原则上，它象征着爱，爱让主人公的心变得柔软。

重生剧情展现的是这样的场景：主人公将过往遗留下来的累赘

抛到身后、重新出发。这象征着希望，象征着不管在什么时候都有可能实现自我、改变自我并成为最佳自我。

多芬的广告《真美素描》就是这类剧情的实例之一。美国保险公司保德信（Prudential）则通过它的广告《第一天》颠覆了养老所的形象。新搬入养老所的住户们被动员起来记录入住第一天的印象，不是把这里看做人生的终点站，而是开始新的人生。

思考题 ───────────────────────────

您想要给您的主人公展示一幅他自己的或者他身边环境的画面吗？

───────────

小　结

用七个模板来归纳故事的整个宇宙，这当然是非常简易化的。根据观察角度的不同，很多故事都是多种剧情的混合物，另外，打破常规构架的实验性电影或书籍也纷纷在虚构叙事领域中逐渐崭露头角。这一点也适用于企业故事。布克的这七种剧情为故事的基本模式和轨道给出了一个很好的方向，不过在运用过程中也不应该永远都将它们作为单一的样板。

引用事例 ───────────────────────────

英特尔广告《未来赞助商》：https：//www. youtube. com/watch? v＝VqSWWbYhyU0.

科罗娜广告《找到你的海滩》：https：//www. youtube. com/

watch？v＝4-6V2ap7Vdk.

本田广告《翘课天才》：https：//www. youtube. com/watch? v＝wtrBJ64vaxY.

保德信广告《第一天》：http：//www. dayonestories. com/.

第 7 章

企业作为主人公的七种剧情

对那些不仅仅想让顾客和员工成为主人公，同时想把自己作为主角来颂扬的企业，下面会是一个好消息：品牌故事不仅仅能建立在导师角色上，实际上讲述品牌英雄旅程的原因和方式有很多（见图 7-1）。当企业能够作为主人公得到顾客和员工的认同，后者就会变身为品牌大使。在竞争激烈、对手强劲的市场上，企业故事对于凸显自身甚至发起竞争、在角逐中清晰定位自身角色都是非常重要的。您是想要为员工展现一幅远景，将他们带上英雄旅程，哪怕一路上有重重艰难险阻，还是想在媒体中打败强大的竞争对手？又或者是针对合并或者品牌重塑在企业内外进行宣传沟通？什么样的故事对企业而言最为合适，这往往取决于场合、时机。

图 7-1 企业作为主人公

企业的英雄旅程

企业所扮演的角色可以从导师角色派生而来,因为导师不仅能帮助主人公培养出各种特征属性,他们自身也同样具备这些原型特质。当企业自己是主人公时,可以再次将英雄旅程作为基础,借此将不同的阶段、进展以及冲突协调统一起来。如果是讲述企业的诞生故事,那么新旧两个世界就都设置于过去;如果是描述企业的远景,则是设置在未来。您现在已经了解了英雄旅程以及不同的剧情和人物,您还可以为自己提出更加具体的问题,从而找到并表述企业故事。

思考题 ————————————————

第一幕

1. 熟悉的世界

(1)您的品牌(从前)是什么样的?

（2）为什么顾客和员工（曾经）能认同企业？

（3）（曾经）有哪些竞争对手？它们的定位又是怎样的？

（4）您的行业（曾经）有什么特别之处？

（5）公众是怎么看待这些特点的？

2. 召唤

（1）您的市场（曾经）有哪些不良状况？

（2）您的企业（曾经）面临着什么样的冒险？

（3）您的愿景（曾经）是什么样的？

（4）针对出现的问题，您的企业（曾经）有什么样的解决办法？

（5）您的企业（曾经）带来什么样的体验、价值和优势？

3. 抗拒

（1）其他企业为什么（曾经）不能制造这些体验、价值和优势？

（2）在实现目标的途中，您的企业（曾经）遇到什么样的阻碍？

（3）您的企业不得不做出什么样的牺牲？面临什么样的风险？

4. 导师

（1）是谁或者是什么消除了最后的犹疑并给了作为主人公的企业信心和认可？

（2）是谁为旅途指出了方向（CEO、外部人员、内部团队，比如产品研发部）？

（3）是谁宣告了冒险的来临？

5. 跨越第一道门槛

（1）您的旅程通过哪一步得以展开？

（2）对这一步是如何进行宣传的？

（3）您采用了什么方式将顾客和员工带上旅程？

第二幕

6. 考验、同盟者、敌人

（1）您的企业一路走来都遇到了什么样的冲突或敌人？

（2）您的敌人是怎样出场的？公众是如何看待他们的？

（3）他们拥有什么样的力量？

（4）他们是怎样被解决或者打败的？

（5）您能够赢得哪些同盟者？

（6）这些同盟者具体能提供什么样的帮助？

（7）有没有持怀疑态度的人？

（8）哪些个性特点能帮助您的企业克服障碍？

7. 陷落洞穴最深处

以及

8. 最关键的考验（高潮）

（1）您的企业通过哪些关键性的挑战并最终成为英雄？

（2）哪些能力可以有效地运用到最终决战中去？

9. 奖励

（1）通过胜利实现了什么？

第三幕

10. 返程

（1）市场接下来会是什么样的？

（2）怎样才能形象地说明这一差别？

11. 新生

（1）获得新生的英雄接下来会遇到哪些新挑战？

（2）对此，竞争会出现什么样的反应？

（3）接下来会怎么样？

12.携带灵药归来

（1）通过战斗赢得的珍宝是什么样的？

（2）可以怎样去运用这个珍宝或者灵药？

企业故事的七种剧情

克里斯托夫·布克的七种剧情类型可以帮助我们将英雄旅程和企业的各种角色以及价值结合起来，另外，它们还可以作为启发性的论据运用到不同的企业故事、篇章或者轶事中去。

战胜怪兽

这一剧情对那些想要通过创新来改变整个行业乃至整个市场的企业具有重要的意义，比如爱彼迎和优步对战酒店和出租车（见图7-2）。在经典的大卫对战歌利亚式故事中，企业可以作为主人公挺身对抗

图7-2　优步对战出租车公司

超级强大的行业领头羊，从而赢取公众的好感。

在对内的宣传中，可以用企业创业史上类似的故事来激励员工敢于冒险、勇于应对挑战。如果能让员工勾勒出企业是如何通过曾经的"战斗"形成了某些优势和价值，他们将继续让这些优势和价值在企业文化中发扬光大。

对于怪兽剧情而言特别重要的一点是要尽可能细致地描画出对手的形象。只有最大程度地理解了英雄的动力以及他参与斗争的原因，我们才会为英雄加油助威。如果对手过于弱小和简单，这一剧情引发的就往往是反效果。

我们已经在电脑和移动电话的市场上跟踪了几例大卫对战歌利亚式的竞争，它们还不断有新的续集：苹果对战 IBM、苹果对战微软、微软对战苹果、苹果对战谷歌、三星对战苹果……另外的一个例子是理查德·布兰森的多元化品牌"维珍"（Virgin）。在 20 世纪 70 年代，维珍唱片开始与老牌唱片公司展开竞争。80 年代，理查德·布兰森开始运营维珍航空（Virgin Atlantic），并想作为新生企业在英国航空等公司面前证明自身实力。现在，他尝试着借助维珍银河公司来实现宇宙旅游的大众化。总品牌"Virgin"（处女）就已经标志着企业在创业过程中将自己定义为新手。

这一剧情面临的挑战主要在于：战胜了怪兽之后就需要马上推出续集。

从洗碗工人到百万富翁

这一剧情主要对那些已经获得成功的企业有实际意义。回顾艰苦奋斗的创业历程和已经战胜的挑战，可以让白手起家的故事保持它的传奇色彩，从而更生动形象、富有感情色彩，并且深入人心地描述这段历史孕育出来的价值和优势。主人公从过去吸取的宝贵经验教训就超出企业的范围留在了公众的记忆中。

在这一剧情中特别重要的是要让人信服：白手起家的过程并不是一条简单的、畅行无阻的道路。那些被攻克的困难、奋力做出的反击是英雄形象的核心所在。因此，对于选择了这一剧情的企业而言，诚实、透明地处理从前的缺点和错误并在宣传创意中加以运用是尤其重要的。

比尔·盖茨以及史蒂夫·乔布斯的故事是众所周知的，两人最初的创业始于一间车库。如今，理查德·布兰森也更加重视回顾自己的成功轨迹并分享所得到的经验。

威士忌品牌尊尼获加（Johnny Walker）在时长 5 分钟的广告片《环游世界的人》中总结了它 200 年的企业历史。在片中，演员罗伯特·卡莱尔漫步在苏格兰的怡人风景中，一边讲述着企业成为国际威士忌大品牌的奋斗史，一边走过一个又一个企业创业初期的历史性纪念物。

这里遇到的挑战主要是：在回顾企业的起源和传统的同时，要能开发出面向未来的好故事。

探寻

选择了"探寻"这一剧情的企业很少会借助强大的对手来定义它们的故事，而是会借助遥远的、难以抵达的目的地。这样一来，它们能清楚地表明：想要进步、追求完美的愿望在推动企业不断向前。

这一做法在企业管理中的潜力就是能有效调动员工的积极性，因为它能清晰地呈现企业明确而远大的目标和愿景。这一剧情也可以清楚地展示每个人在重要的目标之下会有怎样的成长，而借助团队合作又可以达成哪些目标。

新加坡航空公司在系列广告《不远万里》中通过各种事例和故事来展示他们为营造卓越的客户体验所做的种种努力。

"我们寻找着特别的事物来让您的体验提升到全新的高度。这种未诉诸言语的感受并非来自偶然。尽管世事变迁，这一承诺始终真实不虚。我们将找到最关键的东西，做到宾至如归。"视频中一个声音这样讲解道，同时展示出为乘客们奉上的茉莉花茶来自何方等事例。

"探寻"剧情中特别重要的一点是：作为企业始终都不能忘记"永远都要赶超对手至少一步"这个目标。这一目标也应该在实际中得到体现。在与怪兽作战的过程中，有时也会经历一次不会丧失颜面的失败，并且发展出较能让人信服的后续故事。在追求卓越或其他完美目标的过程中，如果承诺兑现不了，这就很难让人原谅了。

从这个意义上来说，美国零售商诺德斯特龙（Nordstrom）就是一个好榜样。该公司的使命宣言如下：

"诺德斯特龙的目标是，每天都提供卓越的服务，一次只专注于一位顾客。"

该企业借助员工每天碰到的、能展现精益求精客服思维的故事来推进这一目标。比如，这些被昵称为"诺德"的故事中有的讲述了一类事件：某次，一名员工为顾客免费包装了礼品，而对方的礼品却是在竞争对手梅西百货公司（Macy's）购买的。还有一次，一名顾客要求退还一个价值 17 美元的千斤顶，不过没有保存购物单据，售货员为他办理了退款，虽然诺德斯特龙百货公司根本就不售卖千斤顶。

旅程与回归

旅程与回归的剧情非常适用于创业故事，它可以讲述创业者如何通过在陌生环境里的新经历而获得了卓越的创意；借助视角的转换和不同的价值观，创业者发现了市场空白。

在企业管理中，这一剧情也可以用于员工晋升以及深造培训方面，特别是当员工们有机会出国或者在企业以外的地方体验不同的东西时。在那些体现了不同国家文化的企业中，关于跳出自身舒适区不断学习的故事对于团队合作是非常重要的。

新旧两个世界之间的对比越大，越能让观众心驰神往。故事并不一定非得围绕着地理上的探险，与新的目标群、不同的态度或者价值观相遇也都能够促进视角的转换。

TOMS Shoes 公司的创业史就是此类旅程的一个范例。

"2006 年，美国人布莱克·麦科斯基在旅行途中与阿根廷某个小村庄的孩子们交上了朋友，他发现这些孩子都没有鞋子保护双脚。为了帮助他们，麦科斯基创建了 TOMS$^{©}$，公司每售出一双鞋子就会为有需要的孩子捐出一双新鞋。"

在独角兽公司，一次旅程也对企业的道德观和创意带来了决定性的影响，瓦尔德马·蔡勒是这样描述的：

"在某段时间我曾经历一种类似于'意义危机'的情形，这对 Y 世代而言是非常典型的。我曾经作为背包客在南美旅行了半年……

经常走访哥伦比亚、厄瓜多尔或者哥斯达黎加的咖啡园和香蕉种植园，并了解那里发生的事情。我深入地观察了一下单一种植的状况，还看到在飞机喷射杀虫剂的同时，人们还在地里劳作。我于是明白了，我的下一个项目应该是什么：如果将来某天我的孙子坐在我腿上问作为企业家的我是否曾努力去改善过那样的状况，我将会因为这个项目而感到骄傲。"

喜剧

喜剧可以建立在幽默的基础之上，但也不是非如此不可。喜剧情节主要围绕着相爱的人努力地走到一起，却因为误解、欺瞒或者对手而遭遇困阻，并且必须去解决这些问题。最后问题被消除，而剧中人物学会了看透伪装。

喜剧可以用在讲述创业团队是怎样组建起来的，或者新的企业领导者是如何在团队内部站稳脚跟的，它也可以再现两个公司融合背后的故事。轶闻趣事也能够让涉及跨文化或者跨学科的团队更好地了解、体谅彼此，同时还能充分利用各自的不同点取长补短。

谜题的揭示以及伴随而来的浪漫之曲也可以通过怀旧之情得到映射。在那些追寻着丢失的信仰并将之从没落中拯救回来的品牌中，Moleskine 无疑是一个好例子。这种小小的黑色笔记本曾经是毕加索、海明威这类极富创造力的人的忠实伴侣。

"这本贴身旅行伴侣尺寸袖珍，在这无名的黑色笔记本上可以留下草稿、笔记、故事和创意，然后让它们成为闻名的画作或者是畅销的书籍。"

悲剧

在悲剧类剧情中，没有企业会愿意把自己定位成必定走向毁灭的主人公。尽管如此，品牌仍然应该深入地研究此类剧情，因为它反映的是典型危机：主人公犯下了一个甚或是多个致命的错误，从而坠入黑暗力量的漩涡、面临毁灭。

对企业而言，在这样一种危机四伏的悲剧情节里，重要的是必须及时认清自己做出的错误决策、及时看清来自外部的相应影响，从而避免毁灭并作为改过自新的主人公重新向上，并且要从悲剧中尽可能迅速地制造出一个让人信服的重生场景。

在近一段时间里作为堕落英雄奋力扭转命运的企业中，大众汽车是典型的例子（见图 7-3）。还有其他的一些品牌被视为反派而不是英雄，遭遇了严峻的公众信任问题，其中包括兰斯·阿姆斯特朗、FIFA 以及英国石油公司等。

图 7-3　大众对比《星球大战》(反派)

重生

重生对今天的企业而言是最有悬念的剧情之一。一方面，重生能让主人公拥有一个新的开始；另一方面，越来越多的品牌认为，面对越变越快的创新周期，自己必须不断求新。

在企业对内的宣传中，重生情节有助于消除对改变的恐惧担忧、鲜明地把创新写入企业文化之中。

电子通信公司诺基亚就是一家不断求新并且将之刻入自己故事DNS 中的企业。这家芬兰企业创始于 1865 年，最初是纸类产品生产商，其间也为橡皮靴一类的领域提供过服务。公司的历史以下列文字正式开启：

"只有少数企业像诺基亚这样拥有转型、开发新技术以及适应市场条件变化的传奇式能力。"

其他印证了重生剧情的核心描述还有：

"当芬兰工程师弗雷德里希·艾德斯坦于 1865 年在芬兰南部建起了他的第一家纸浆厂时，他迈出了为诺基亚创新与寻找机遇奠定基石的第一步。""不久之后，转型再次召唤。""而且，商业和技术领域继续发展，诺基亚也会如此。""诺基亚的转型尚未完成。""诺基亚的悠久历史的标志是变革和重塑。"

思考题

1. 您的企业是否有一个强大的对手？⇒战胜怪兽？

2. 您能否说（特别是从回顾的角度而言），作为企业家，您尽管出身普通，但仍然获得了成功呢？⇒从洗碗工人到百万富翁

3. 作为企业家的您是否坚持特定的质量要求或是追求某些创新目标呢？⇒探寻

4. 是否有某个旅程对您的创业故事产生了影响？⇒旅程与回归

5. 您企业中最重要的头脑聚集到一起的方式是否对您的故事有影响？您是否想要挽救某个与您有着特殊牵绊的事物？⇒喜剧

6. 您是否做过能导致毁灭的错误决策？⇒悲剧

7. 您能否通过危机或者创新进行彻底改造？⇒重生

引用事例 ————————————————————————

尊尼获加广告《环游世界的人》：https://www.youtube.com/watch? v＝MnSIp76CvUI.

新加坡航空公司广告《不远万里》：http://www.thelengthswe-goto.com/de/.

TOMS 公司创业故事：http://www.toms.co.uk/about-toms＃companyInfo.

Moleskine 背后的故事：http://www.moleskine.com/de/about-us.

诺基亚创业故事：http://company.nokia.com/en/about-us/our-company/our-story.

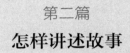

第二篇

怎样讲述故事

第 8 章

核心角色

不管企业扮演的是导师、先驱者还是治疗师，总而言之，企业给了核心角色一张脸。公众需要一个有辨识度的形象，它能让大家感同身受，而故事则以这个形象作为基础展开。在寻找适合的主人公的过程中，有下面几个要点。

虚构角色

餐饮连锁店 Chipotle 所创造的主人公形象是一个稻草人，它在动画广告片《稻草人》中经历了一遍"旅程与回归"的剧情（见图 8-1）。它带着观众走过让人郁闷的各种食品工厂，在那里，动物们被虐杀而食品被制造出来。回到家里，稻草人重新对刚收割的和新鲜加工的食品产生了兴趣，它打着"Cultivate a Better World"

（培养一个更好的世界）口号推出最新鲜的食品，为工业化的城市提供了新的选择。

图 8 - 1　Chipotle 广告《稻草人》

从 Old Spice 广告《你的男人可以闻起来像这个男人》到活蹦乱跳的 M&M 糖豆，大批虚构角色都成功地留在了公众的记忆中。

非虚构角色

企业自身（我们）

Bodyform 是一家英国卫生巾生产商。女性卫生产品广告中经常出现的蓝色液体以及非常夸张的运动场景虽然并不符合实际，但如今大多数人都已经习以为常，而 Facebook 用户理查德却在 Bodyform 的一则完全沿用了上述传统场景的广告中找到了吐槽的机会，并且获得了 85 000 次点赞。Bodyform 集团并没有闷不作声，而是回敬了一则短片（见图8-2）。在片中，一名女演员扮演了集团CEO卡罗琳·威廉姆斯（该集团没有真正的CEO），她以嘲讽的方式直接为理查德给出了回答。

图8-2　Bodyform发言人喝下染成蓝色的水

"我们对你撒了谎，理查德。我想要说声抱歉。抱歉，你在我们广告片里看到的东西并不是对事情的真实再现。实际上，我们制作那些影片是为了保护你以及其他男人不被女性的残酷现实伤害。你是对的。被大肆使用的那些画面，诸如跳伞、滑旱冰和山地骑行——你把骑马给忘了，理查德——它们其实是象征性的。我很抱歉要告诉你这些，所谓'快乐的经期'这种东西并不存在。事实是，有些人就是没办法面对真相的。……但是你把这层面纱扒了下来、揭开了这层隐秘，从而把我们曾希望大家永远都不必去面对的事实暴露给了所有人。你做了这件事，理查德，是你。干得可真棒。我只希望你能打心底里原谅我们。"

不管是用幽默的方式还是借助严肃的故事，企业大多是以第一人称"我们"的叙事角度出发，派遣己方的一名代表出场发言，他往往会讲述一段企业的故事以及所经历的起起伏伏抑或是价值观。讲故事也意味着要把脸展示出来。

员工

除了企业领导之外，还可以由员工来发言，这种情形大多是在涉及形象宣传、招聘广告又或者是一般性的雇主品牌推广时。

怎样让员工作为平凡的英雄在短故事中表明自己的立场，物流公司 Meyer 的企业宣传片就是一个很好的例子。片中刻画的不仅仅是企业员工，更是一群充满激情的人，他们用各自的业余爱好做比喻，生动地阐述了他们的工作理念。比如，探戈爱好者将自己擅长学习和适应变化多端的舞步的能力应用到了他的 IT 岗位上；财务管理人员不仅仅在办公室里救急抢险，在生活中他还是一名消防队志愿者。通过这样的描述，主人公们以及企业这个大集体一下子就显得可亲可近也更真实可信了。

客户

如果企业选择作为导师去支持自己的目标群并让对方担当主角，那么在品牌故事中让顾客担任核心角色就是很有意义的做法。主角可以是曾经的或者是现有的顾客，也可以是与企业有着相同理念的人，而他们的故事能够获得未来客户的认同。不管是视频人物志、案例分析、证言或者采访，还是传统的形式都能很好地用来记录英雄旅程。

以英特尔为例，它在一个 7 分钟的视频里跟踪记录了时尚街拍博主斯科特·舒曼，舒曼的博客"The Sartorialist"每天吸引着成千上万的读者。在英特尔的《视觉人生》系列中，这位摄影师带着大家走入幕后，讲述了技术在他的工作中扮演着什么样的角色。

不论是多芬的真美广告系列还是爱彼迎的柏林故事，叙事的重点都是目标群以及他们自己的故事和经历。瑞典政府甚至通过官方 Twitter 账户赋予瑞典公民各种权利：非官方人员可以在政府不监控、不干涉的情况下讲述自己的日常生活、业余兴趣——其内容大多和宜家广告里说的有出入，从而反映出一个更加真实的瑞典。

打造故事

在"用参与代替旁观"的宗旨下，讲故事逐渐发展出一个新的形式，这一形式被红牛运用得尽善尽美。故事核心人物是该品牌的粉丝，他们亲身体验故事的过程而不只是旁观者。早在 1991 年，红牛公司在维也纳第一次举办了"飞行日"大赛，并以"给你翅膀"为指导理念奠定了打造故事的基石（见图 8 - 3）。当时第一批参赛者借助由自己制作的飞行器进行了跳水表演。而今，全球的 35 个城市每年都会举办这项比赛，每一场赛事都会吸引数十万观众，而观众们又会借助故事来讲述自己的经历和感受。这样一来，借助口碑营销以及社交媒体的传播，同样的经历就会生成数不胜数的花样变化和分解重组。

图 8 - 3　红牛飞行日

哪一类人物最受欢迎

英国内容营销代理公司 Headstream 于 2015 年进行了一次问卷调查，查明了哪一类人物最受公众欢迎。57％的被调查人群表示，他们更喜欢的是非虚构的人物和事件（见图 8 - 4）。

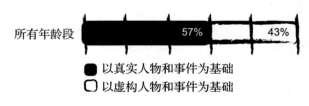

所有年龄段　57%　43%

■ 以真实人物和事件为基础
□ 以虚构人物和事件为基础

图 8 - 4　真实人物对比虚构人物

来源于现实生活的故事能唤起较深层次的情感，它们更实在也更可信。真人真事对 18~34 岁年龄段的人群而言尤为重要，但 55 岁以上的人群更偏爱虚构内容（见图 8-5）。

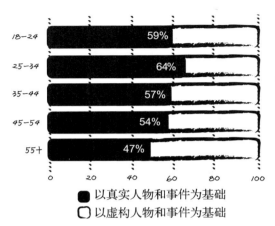

图 8-5　不同年龄段对真实人物、虚构人物偏好的对比

　　总的来看，66％的受访者更愿意听真人真事，他们尤其喜欢普通人的故事而不是名人的轶闻，因为普通人更容易得到大众的理解和认同（见图 8-6、图 8-7）。

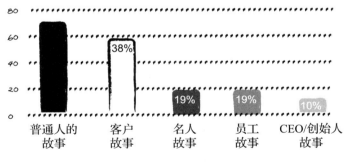

图 8-6　不同人物的受欢迎程度

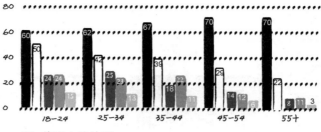

图 8-7　不同人物在各年龄段中的受欢迎程度

思考题

1. 您想要用的是虚构人物还是非虚构人物？

2. 您的企业是否拥有魅力型领袖？

3. 在讲述故事时，您可以让哪些员工参与进来？

4. 这些员工在您的企业中或者是和客户一起经历了哪些故事？

5. 哪些故事激励着他们？

6. 您可以运用的客户故事有哪些？

7. 哪些名人证言与您的企业价值观以及企业形象适配？

8. 您能否为公众提供好的活动，让他们能亲身感受您的价值观和愿景？

引用事例

Chipotle 公司的《稻草人》：https://www.youtube.com/watch?v=1Utnas5ScSE.

Bodyform 对 Facebook 用户做出的视频回应：https://www.youtube.com/watch? v＝Bpy75q2DDow.

Meyer 物流公司的企业宣传片：https://www.youtube.com/watch? v＝FCSTm24lr5o.

英特尔的《视觉人生》：https://www.youtube.com/watch? v＝e5NgG5koPZU.

第 9 章

吸引关注、维持关注、奖励关注

　　故事能吸引我们的注意力、唤起我们的兴趣，并能鼓动我们采取特定的行动。但这些并不仅仅是讲故事的优势，也是企业所面临的挑战。任何内容要想成为好故事的一部分，不仅仅要能赢得公众的关注，还要能鼓动目标群体参与进来，也就是说，要让公众把故事从头追到尾看完并且做出让人满意的反应。这不仅适用于发到 Instagram 的照片、上传的博文，同样也适用于新闻稿件、电视广告、互联网页、演讲报告乃至整个叙事战略。讲故事的三项任务被称为吸引（hook）、维持（hold）和奖励（payoff）。

奖励关注

　　奖励，在内容层面上对应的是导师想要传递给英雄的东西。从战略层面上看，是英雄在历尽艰辛后所得到的奖励。对于这个奖励或者导师要交付的东西具体是什么，在这里应该是很容易给出定义的，因为我们已经明确了目标群的需求及采取何种办法满足需求、可扮演的导师类型。

以 Innocent Drinks 为例，该品牌想要帮助自己的主人公增进健康、加强环保意识并保持乐观开朗。在这个过程中，品牌所扮演的是导师角色，同时混合了治疗师（使人受益）、船长（引领行动）以及缪斯（为快乐时光带来灵感）的特点。英雄在战略层面上所获得的奖励不言而喻：他会觉得喝 Innocent Drinks 的饮料可以让自己的健康、心情以及环境受益。从引向这个目标的内容来看，所有的内容都应该有针对性地推动受众和导师一起去追求上述价值，Innocent 具体要做到这几点。

让受众看到 Innocent Drinks 为此开展了多少公益行动，其中一部分也是直接针对受众的（治疗师角色）。为此，在公司的 Facebook 页面上可以看到一些顾客的留言，他们对 Innocent Drinks 的手写明信片表示感谢。另外，公司还发起了诸如 "letslovestorm" 行动或者编织圣诞帽行动之类的互动，它们背后连接的全都是 Innocent 公司为公益进行的一次次捐赠。

Innocent 的这些活动为受众提供行动指南（船长角色），告诉他们怎样为自己、为自身健康以及环境做一些有益的事。例如，编制毛线帽并通过 Innocent Drinks 给老人献上一份冬日的温暖，借助 Twitter 或其他社交媒体发表 "letslovestorm" 内容来感受乐观精神，同时让每一瓶饮料都能给 Innocent Drinks 的 SOS 儿童村捐款一角钱。

受众关注 Innocent Drinks，因为在健康、环保和乐观等方面的话题上该品牌能以积极的方式给他们带来会心一笑（缪斯角色）。Innocent Drinks 围绕适合的活动——比如企鹅日、橄榄球世界杯或者万圣节——创建带有玩笑性质的内容。比如，Innocent 橄榄球主管在 Facebook 上发视频袒露心声，说在 Innocent 的宣传中很难找到橄榄球的踪影，而从前的情形却大不相同。在世界企鹅日当天，Innocent 号召粉丝把自己的头像换成一张标题为"我知道身为企鹅是怎么一回事"的企鹅图片。一批明显带有玩笑性质的教程甚至对比了企鹅与熊猫乃至虎鲸的异同点。公司还在企鹅日期间定期上传各种笑话为这群南极的居民献礼（见图 9 - 1）。

图 9 - 1　Innocent Drinks 企鹅日宣传活动

"值此企鹅宣传日之际，我们一定要澄清：我们从来不曾在产品中添加任何企鹅，将来也不会这么做。虽然你可能会找到一点点斑马。等等，哦，这是条形码呀。大家别慌。"

如果我们了解自己的导师角色以及主人公的目标，那我们就早已确定了奖励。以 Innocent Drinks 为例，企业更关注大家怎样才能主动去为世界、为环境和为健康做出改善，如果只是去揭露这些方面的不足之处（扮演见证者角色），就不太切合它们的导师角色，也没有顺应大众的期望。每一个故事，不管是长是短，都应该能提供一个解决方案来迎合公众的情感、回答他们的疑问，在理想情况下还能为英雄或剧情的目的支付回报。如果能做到这一点，公众对"行动召唤"（Call to Action）的接受可能性就会增高。

思考题

1. 您的受众将得到什么样的奖赏/认知？

2. 信息价值和娱乐价值的重要性是什么？

3. 企业希望借助导师角色和价值观传递哪些具体的辅助工具和知识？

吸引关注

"当格雷戈尔·萨姆萨一天早晨从焦躁的梦境中醒来时，他发现床上的自己变成了一只可怕的虫子。"

——弗朗茨·卡夫卡《变形记》

"所有幸福的家庭都相似，而每一个不幸的家庭都各有各的不幸。"

——列夫·托尔斯泰《安娜·卡列尼娜》

"我可以这么跟你们说：埃米尔的故事是我自己都没有预料到的。其实我本来想写的是一本完全不同的书。"

——埃里希·凯斯特纳《埃米尔和侦探》

和这些文学著作中的开头文字一样，"吸引"就是一个很有诱惑力的钩子，让作为受众的我们一口就咬了上去。每天被包围在各种各样的信息之中，它就是让我们偏偏会注意到某些故事的一个瞬间或一种方式。它通过疑问与神秘激起我们的好奇，促使我们想知道故事会怎样收尾，它让我们一瞬间就认同了故事的主人公，并带给我们娱乐和体验，将我们带到另一个天地里去。

要找到一个能激发出这种反应的恰当主题，对很多企业而言是一大挑战，但可供选择的方式是丰富多样的。下面列出几个最重要的能吸引公众好奇心的"钓饵"。

出人意料

春天过去是夏天，接着是秋天、冬天；过马路时要先左右看看；唱歌时要以基调音结束——我们生活的这个世界依循着各种不断重复的模式，这种固定的套路对我们而言是重要的辨向指示，因为没有它们一切就会乱作一团，我们哪怕只是做一件简单的小事都必须先花极大的气力去辨识。模式套路也让我们能够预料某些事情，预估特定的情况。

在电影《楚门的世界》中，金·凯瑞饰演的楚门·伯班克从出生的那天起就生活在一个直播节目中，他的人生全天候地被导演和直播。影片一开始就给了我们这样一个日常模式。这位保险公司的职员每天完成固定的晨起程序后就在固定的时间出门上班，他总是用固定的问候语向邻居打招呼（他不知道这同时也是在问候观众们），开车的路线一成不变，一路上看到的也都是相同的居民（群众演员）。直到某一天，他的这套惯常模式被一台不慎掉落的摄像机打破，故事便渐入高潮（见图 9 - 2）。

图 9 - 2　"早上好……哦，如果我们再也不见，还有上午好、
晚上好和晚安！"（《楚门的世界》）

如果要把"出人意料"作为品牌故事的钩子，那么大多数情况下是没有太多时间来铺叙前情的。企业如果想要借助这一方式给自己加分，就要尽可能迅速地建立起一种对比，一头是我们所熟知的事物，另一头是让我们的现有期待受到质疑的事物。连锁超市 Edeka 的《超酷》视频就成功地通过相应的 MTV，借助由弗里德里希·列支敦士登出演的美食爱好者以及歌曲创造的印象颠覆了观众对所有超市宣传广告的预期（见图 9 - 3）。这个钩子至今创造了 1 600 万的 YouTube 观看量，并引发了模仿热潮。

图 9 - 3　Edeka《超酷》广告

认同主人公

如果我们能够与主人公产生共情，理解他的目的、矛盾以及情感，那么故事就能更迅速地感染我们。企业故事的先决条件就在于认识公众的需求。如果您能在这个基础上开发出拥有类似需求和价值观的人物角色，公众就能立即从中看到自己，从而想要更深入地参与到故事中来。但是，这里和我们在成长需求中讨论过的一样，也需要注意把重点放在情感上而不是放在理性方面。

目标群的范围越宽，企业想要用来吸引公众注意力的情感和价值就必须越具有普遍性。友谊与家园是百威公司《小狗迷途》广告里的两个中心价值，它们的作用是唤起27～72岁年龄群体的回应。一则题为《初吻》的视频在社交媒体上受到111万多观众的喜爱（见图9-4），制片人借助片中的主人公（大多数是年轻的成年人）和视频主题（两个陌生人第一次亲吻对方）获得的是一个较为有限的受众群的关注（已经结婚30年的夫妻在看这个视频时也会产生战栗感）。

图9-4　《初吻》广告

如果想要针对特定目标群体有的放矢地对主题做进一步加工，可以向 Buzzfeed 这样的社交媒体平台好好学习。如果受众是 20 世纪 80 年代在民主德国成长起来的群体，那么"让你想起 80 年代民主德国的 25 件事"这样的标题就可能会博得较高的点击率，而其他的读者群体可能就不会那么感兴趣了；但如果针对其他读者群生成有吸引力的内容，那么总体关注度会得到极大的提升。

以具体代替抽象

如果听到有人讲述他的恋爱故事，作为听众的我们就会自动在脑海里放映对恋爱场景的联想画面：手拉手在公园里散步，在一个命中注定的派对上遇到了自己的真爱，尴尬地尝试着靠近彼此，等等。爱恋尽管是一种很普遍的感受，却有着千百万种各不相同的特定呈现形式。而问题就出在这里。要么任由公众在各自的脑海里调出他们各不相同的情境和画面，要么尽可能具体地描述这些画面，让品牌把观众带进自己的旅程。

在多芬公司《真美素描》广告中，我们看到的是一位位准备画肖像的女性。依照"要展现，而不要讲述"原则，我们可以自己给她们画一幅像，看看我们是否会觉得这些画像比较真实，比一比两幅中的哪一幅更好看。Jeep 的《筑建自由》广告围绕的主题是被我们遗忘在童年和青少年时代的东西：生机勃勃的好奇心与渴求冒险的精神。广告并没有做出这样的陈述，而是展示了具体的情境，比如在游乐场上的欢腾嬉闹、在海里的潜游、乘坐自己建造的筏子漂流、在父亲的办公室里用玩具搭建摩天大楼、背上背包朝着日落的方向进发等。即使好奇心是所有孩子普遍所具有的，但这些具体的情境仍然主要是面向男生以及与自然相关的行为活动——可能也正与吉普大切诺基的目标群体相符。这就说明：这则广告为一个特定的公众群描绘出非常具体的画面。

维持关注

　　仅仅只是因为某个"钩子"而被吸引过来，并不能保证观众就一定会把故事从头看到尾。实际上，这对企业而言是最困难的部分，但这同时也蕴藏了机会。如果故事失去悬念，观众的注意力就极有可能分散。想要维持悬念弧，就意味着我们并不只是要开发出一个亮点广告来作为整个企业成功发展的基础。我们需要做的是：通过持续对话和不断更新话题来把故事长久地讲下去（见图 9 - 5）。这里就会运用到"跨媒体讲故事"。比如 Edeka 连锁超市为《超酷》广告制作了很多短视频，可以让大家转发给过生日的熟人、同事、

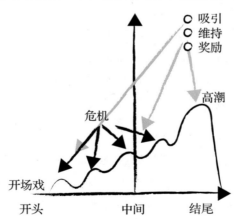

图 9 - 5　故事过程中的吸引，维持，奖励

母亲、父亲、至交好友等。在视频中，演员弗里德里希·列支敦士登用和《超酷》广告中相同的风格为各个目标对象送出赞美和祝福，这是一个很成功的方式。这样一来，观众在送出祝福的同时就转发了这些视频。

基本上这有助于观众记住故事中最重要的部分，从而尽可能长时间地让他们保持兴趣。如果观众能在故事当中看到一个有意思的主人公、能理解他的目的并明白阻挠他的冲突矛盾，那么他们就会长期地追看这个故事。我们也可以从传统讲故事模式中学习一些方法手段，通过它们来维持公众的关注度。

闪回

故事通常是按照时间先后进行叙述的，而闪回（Flashback）打破了这一路线，将观众暂时带回过去。在大多数情况下这会让我们对某个人物角色（比如图 9 - 6《哈利·波特》中的西弗勒斯·斯内普）、某个问题（比如甘道夫向弗洛多讲述魔戒的由来）或整个故

图 9 - 6　《哈利·波特》闪回场景

事的更多背景信息有更多的了解，从而获得崭新的答案。我们此前模糊设想过的事情通过回放而有了具体的画面场景。

企业可以通过闪回方式更多地揭示或扼要重述企业故事。在Facebook、Instagram 等社交媒体频道中，像"怀旧星期四"（Throwback Thursday）这一类的主题活动非常受欢迎：在任意的一个星期四，名人和非名人们纷纷上传过往的回忆。这种怀旧时刻可以被企业加以运用，既可以由企业自己回望过去，也可以鼓励公众来完成这一任务。

拦腰式叙事

这种叙述风格就是：从一开场就直接处于故事的中间部分。其典型的例子就是刑侦影片，它一开场就把我们带到了犯罪现场，而不是先讲述死者是怎么被杀害的、事情又是如何发生的（见图 9 - 7）。这样一来，一开场就抛出了一道谜题，从而激发出观众对事情经过的好奇。随着疑问逐渐得到解答，观众一般会追看至结尾，直到谜团最终被解开。

图 9 - 7　刑侦影片场景

这些悬念元素可以运用在产品或企业的上市等方面，因为这样的瞬间留出了一个开放的问题，从而引发想象和猜测。跨媒体故事也可以用从中间开场的方式处理复杂的主题。如果访问者在网页上进入案情，那么他可以通过各种链接、视频以及更多信息不断深入问题的核心。

未来展望

与闪回相反，故事情节这时会暂时中断，转而跳向未来，展望当前对未来会产生什么样的影响，又或者在未来都有哪些可能。未来展望并不会针对中心矛盾给出太多解释或结论，因而不像闪回那样经常被使用。从另一方面看，它能展示出远景。

在查尔斯·狄更斯的《圣诞颂歌》中，我们既能看到闪回也能看到展望，在故事中鬼魂们带着小气财神在过去、现在和未来来回穿梭。在电影《回到未来》的一张照片上，主人公马蒂·麦克弗莱的身影消失，这张照片就是一种展望，它显示出当马蒂回到过去之后的所作所为会给未来造成什么样的影响，甚至会因此而阻碍自己在未来出生（见图 9 - 8）。

图 9 - 8 　《回到未来》中的展望场景

谷歌、亚马逊和特斯拉等公司用来留住大众的方式就是以展望的视角围绕着未来产品的原型来编织故事（谷歌眼镜、自动驾驶汽车、无人机送货等）。

预兆

展望是把情节跳向未来，而预兆是现在出现的提示，它预示可能会发生的事情。大多数情况下是通过重要的物体来显示预兆的。对于公众而言，这一方式特别有悬念，因为在相当长的一段时间内他们是得不到解释的，只能自己去猜测某个场景或某个标志会带来什么样的后果。这一方式的建立基础是普遍通用的假设（比如手枪是用来杀人的）以及大家所熟悉的社会模式（比如当卧室出现时常常就会跟随亲热场景）。好的故事不仅能够通过这种方式将观众带到既定的路线上，也会把观众带离这一路线。

比如在《辛德勒的名单》中，除了黑白两色之外，我们唯一能看到的彩色场景就是一个身穿红色外套的犹太小女孩。随着电影的发展以及越来越惨烈的种族屠杀，单靠一件红色外套就已然预兆了这个不起眼的角色的命运。

在德国新闻节目《每日纵览》搬往全球最昂贵的新闻演播室之前，节目组就做出了微妙的暗示，让细心的观众可以提前好几天就知道这个消息。该节目每天在不同的道具上做了一个倒计时标志等待观众去发现（见图 9-9）。"结果是：斯特凡·拉布在试播时就发现了隐藏的讯息，并在他的《TV 百分百》节目中做了点评。几天之后，《图片报》也发现了倒计时信息，并为此发了一个头版头条。其他的媒体纷纷仿效。该节目宣传片的点赞量和转发量大增。《每日纵览》每天的观看人数原来是 500 万，而在新演播室的首次节目则收获了 1 000 多万的观众。"

图 9 - 9　《每日纵览》倒计时

悬念与反转

悬念或意料之外的反转是在一种极其紧张刺激的情景下（类似于高潮）结束一个故事段落，同时留下悬疑，而观众们不会立即得到答案。这通常是从两方面来考虑的：一是为了能够铺开平行的情节线；二是想要在故事的两个段落之间保持悬念。比如肥皂剧、电影续集或广告间隙中就经常使用这种方式（见图 9 - 10）。这种悬而未决的冲突特别能留住观众的注意力，但吊胃口的时间也不宜过长，因为这可能会导致观众失望。

悬念对企业而言是一个用来保持关注度并制造大众参与的最有趣也最有效的方式。史蒂夫·乔布斯的口头禅 "one more thing" 如今已作为传奇式的悬念名句成为他演讲风格的一部分。当他在 1998 年旧金山的 MacWold 世博会上第一次使用它时，观众们一时间摸不着头脑。多年以来，观众们对这一 "one more thing" 瞬间的期盼

图 9 - 10　完结?

就已经制造出了悬念，因为观众们知道，只要这句话还没有说出来，演讲的真正重头戏就还没有登场。

悬念却也是被企业运用得非常糟糕的一种故事手段。本着周全的意图而事无巨细、尽可能全方位地介绍一个产品，很容易让大众倦怠无聊。通过跨媒体故事恰恰能很好地制造悬念、将大众从一个内容碎片引向下一个，因为每一个章节都会留出开放的一面，通过它可以了解到其他部分的更多信息。

引用事例

Edeka《超酷》广告：https://www.youtube.com/watch? v=jxVcgDMBU94.

Wren《初吻》视频：https://www.youtube.com/watch? v=IpbDHxCV29A.

Buzzfeed 文章《让你想起 80 年代民主德国的 25 件事》：http://www.buzzfeed.com/sebastianfiebrig/deine-kindheit-in-den-80ern-im-osten

♯. md7V22Kam.

《每日纵览》倒计时：http://www. fischerappelt. de/cases/count-
down-fur-die-tagesschau/.

第 10 章

跨媒体战略

哈维登录了 Facebook，发现他的朋友安德里亚斯在自己的公告栏里分享了一段视频。视频里可以看到某位著名音乐人，而他身边有一位女孩跳上了舞台，她抓起一个麦克风后开口唱了起来，那声音真是棒极了。而当安保人员要把她拉下舞台时，她脱下一只鞋扔向观众群，观众们瞬间沸腾了。这段视频既有趣又很让人意外。

哈维决定把视频转发到 Twitter 上。他的 30 个朋友观看了这个视频。其中一个朋友安娜用视频片段制作了一个 GIF 动态图，内容是那个女孩扔鞋子的场景，然后安娜把这个 GIF 上传到了汤博乐（Tumblr）上。几个小时之后，原视频就拥有了 20 多个改编版本，而它的观看量达到了 5 000 次。

帕科在阅读《滚石杂志》，上面说事件中的歌星正在寻找那位神秘的女孩，并且想要和她一起为歌曲录制一个新的版本。看完报道，帕科登上了歌星的官方 Twitter 页面，那里已经发了一张女孩鞋子的照片，鞋子是刚上市的新款运动鞋。歌星在留言末尾加了一个标签♯whosthatgirl，以极快的速度成为热搜话题。

培沛用谷歌搜索了一下印在那双鞋子上的标语，然后找到了一个运动鞋博客。他觉得那鞋子非常棒，于是又转发了几张照片到 Pinterest。

与此同时，玛莎和朱莉娅正在观看电视选秀节目。有一位参赛者格外出色，她是一名声音非常动听的女孩，却遭到了评委们毫无来由的羞辱。女孩说自己通过做清洁来挣钱，为了能来参加比赛不得不玩命打工。这就让观众们对评委的严厉更加不满。朱莉娅碰巧去过那名歌星的演唱会，她认出了这个参赛女孩，然后从网上找到了该节目的片段并把它转发到 Facebook 上。

在此期间，唱片公司已经为这首歌曲发行了包括女孩唱段的新版本并提供给了 Spotify 和 iTunes，歌曲在排行榜上火速上蹿。

何塞、费尔南多以及其他 500 多万人在电视里看到了一个运动鞋广告，正是神秘女孩扔到观众席里的那一款。

歌星宣布，他要利用下一场演唱会来寻找女孩，并且希望借此机会能和她再次合唱。很多别的女孩也想要拥有这样的机会，但只有鞋子的原主人才能被选中。

与此同时，该视频在 YouTube 上的观看量已经超过 300 万。成千上万的粉丝赶来听演唱会，其中有非常多的女孩都穿着那款著名的运动鞋，这款鞋子是一周之前才开始在商店里出售的。这时，神秘女孩出现在了舞台上，歌星为她穿上了鞋子，完美合脚。两人一起唱起歌星的名曲，鞋子让他们再次相聚。

灰姑娘的经典故事可以通过这样或那样的方式被改编、植入当代社会中，这就是 FCB Global 公司在其动画视频《仙履奇缘 2.0》中讲述的故事（见图 10 - 1）。

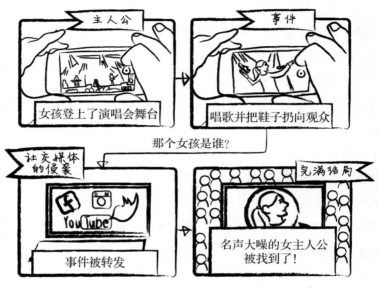

图 10 - 1　《仙履奇缘 2.0》

为什么要跨媒体

精彩故事的基石已经奠定，主人公的出身和目标已被定义，他和他的导师因为有着相同的价值和性格特点而走到一起，对手和冲突也已被定义好，这时要解决的问题就是：故事该怎样去讲，尤其是该在哪里讲。在 50 年前，企业回答这个问题会很容易：通过大众媒体，比如电视、报纸和广告，占领各家各户的起居室。信息的传递是单方向的，受众只能接受；企业有的是时间来制作广告，并且可以一直播放做好的广告，不再进行修改。

随着社交媒体以及移动技术的登场，这一景象发生了极大的变化（见图 10-2）。用户不仅接受，他们还可以制造和修改内容。不同用户之间会相互交流，同时会和企业进行对话。他们可以同时使用不同的媒体和设备，从任何地方调用它们。他们可以用广告拦截器来关闭不感兴趣的信息、取消订阅讨厌的广告邮件，甚至可以在自己的频道里对品牌提出负面意见。

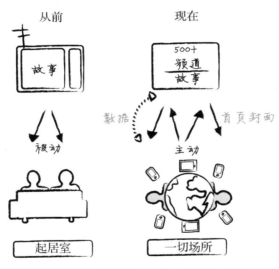

图 10-2　被动式 vs. 主动式媒体使用

对企业而言，这既是机遇也是难题。其挑战在于：怎样通过不同的频道和舞台来构建故事，长期吸引住客户和员工，让他们有机会成为其中的一分子。跨媒体讲故事如今已经是不可或缺也无法避免的。在我们进一步探讨其具体内容以及企业怎样加以运用之前，先让我们再次从《星球大战》中汲取灵感。

1977年5月25日，在第一部《星球大战》电影的首映仅仅两个月之后，漫威公司就推出了一套系列漫画，在发行了少数几期之后，这个系列就开始讲述起电影之外的新内容。随后不久，以电影早期剧本为基础的小说也面世。借助星球大战角色游戏营销，乔治·卢卡斯于1987年奠定了"星球大战衍生宇宙"（SWEU）的基石。这个宇宙包括原电影之外的所有官方授权的分支和内容：从电子游戏到新的漫画、书籍，再到广播节目。从很早开始，《星球大战》的粉丝们同样把这些故事变为自己的创作基础。乔治·卢卡斯一开始还尝试着把这些用户生成的内容加以控制，然而随着时间推移，粉丝的虚构故事、重组和混搭情节的数量已经多得无法全面掌控。如果搜索"粉丝自制星球大战视频"，仅在YouTube上就能出现650多万条结果。

为了让跨媒体品牌故事能遵循一个统一、协调的传播战略，必须推动大众的参与，让内容可以简单方便地通过不同频道被分享转发。克服这些新挑战所能收获的奖励主要有：

1. 集体的智慧将被联合起来，从而巩固并进一步发展品牌。粉丝、员工和企业共同携手，让故事的世界通过不同的视角、跨越不同的媒体变得更丰富饱满。

2. 大众参与被作为品牌价值建立起来。客户以及员工的积极性和忠诚度得到了增强。

3. 企业故事被继续讲述下去。跨媒体的集体智慧和技术支持鼓励人们积极分享他们在社交媒体上发现的重要内容。

4. 品牌通过跨媒体讲故事提供了更多的接触点和出发点来与客

户和员工联络，从而将他们更深入地带进故事中。

什么是跨媒体

学者亨利·詹金斯于 2006 年在他《融合文化：新媒体和旧媒体的冲突地带》（*Convergence Culture*：*Where Old and New Media Collide*）一书中提出了"跨媒体讲故事"的概念。在书中他将其描述为一种过程，其主要环节就是通过多种渠道系统性地对故事宇宙进行分享和传递，跨媒体讲故事的目的在于创造一个统一而协调的娱乐体验，最为理想的情况是各个媒体都为故事的展开贡献自己的力量。

跨媒体中的各个媒体扮演着属于自己的角色，这也是与交叉媒体理念的关键性区别，后者讲述的是同一个故事，不过针对各个媒体进行了调整（见图 10 - 3）。比如《哈利·波特》系列小说被拍摄成电影就属于交叉媒体的改编方式。

电影　　　游戏　　　小说

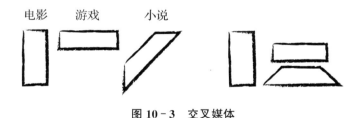

图 10 - 3　交叉媒体

原著小说、网页"Pottermore"以及电影前传《神奇动物在哪里》（*Fantastic Beasts and Where to Find Them*）之间又是跨媒体关系，因为各个故事、元素和频道彼此间相辅相成（见图 10 - 4）。

电影　　　游戏　　　小说

图 10 - 4　跨媒体

跨媒体式叙事可以划分成两种形式。

连锁式

　　连锁式就是把一个故事宇宙内的多个故事集合在一起（见图 10 - 5）。游戏、小说和电影也可以彼此独立开来并相互补充，让整个故事时间更复杂也更有层次。前传和续集可以从时间上对故事进行扩展衍生，可以让新的角色体验平行情节，或是让故事在某个特定地点上演。星球大战世界、哈利·波特世界以及其他许许多多的电影宇宙都是从中央情节向外扩展衍生，它们就是连锁式的实例。

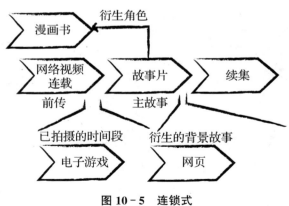

图 10 - 5　连锁式

混成式

混成式跨媒体项目是从一开始就将所有提示或渠道设计成了整幅故事拼图的一个组成部分（见图 10 - 6）。各个部分如果孤立开来就没有意义，或者无法构成一个完整的故事。比如，另类实境游戏（Alternate Reality Games，ARG）就是由这样的单个提示构成的，合并起来才能给出完整的情境。

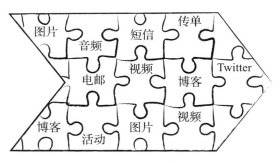

图 10 - 6　混成式

我们在现实中经常会体验到的故事宇宙是混成式的，既包含计划中的拼图碎片，也包含有或者没有被规划的衍生扩展。没有规划的连锁式恰恰最能够让企业的跨媒体故事格外精彩而且紧跟时代，因为它的背后隐藏的是成功实现社交媒体交流传播的关键支柱，即大众创造产物。

大众参与

在 2012 年的一项针对日常媒体使用情况的研究调查中，有

79%的受访者表示希望能够亲身参与故事的创作，并且能够与主人公互动。这样的愿望以及实现这一愿望的可能性都是此前没有被公众意识到的。在大众传媒时代，人们最多能够和近邻好友们谈论一下看过的电视节目等内容，这种对话大多只在较小的圈子内发生，想要把其中的内容进行改动并化为己用，这几乎是不可能的。而今时今日，大众在社交媒体上创造、分享和改编的内容早已超出了企业和媒体所提供的东西。

跨媒体讲故事是非中心式的和参与式的讲故事方式。故事一旦公开，它就可以为大众所用，被人们转述或者改编。因此，它主要是在目标群体的互动中以及在企业传播愿景和价值观时使用。对很多人来说，要放弃对故事的掌控还是一个相当大的挑战。如果能积极主动地满足大众想要成为故事的一部分的愿望，一般会大有收获，Old Spice 品牌就非常有力地证明了这一点。

Old Spice 的广告片《你的男人可以闻起来像这个男人》于 2010 年超级碗比赛开赛前一周开始在网上播出（见图 10 - 7）。主人公由曾经的足球运动员以赛亚·穆斯塔法出演，他那出人意料又带有自嘲意味的幽默让这段视频的 YouTube 观看量在三天内就突破 2 000 万次。很多名人还在 Twitter 以及其他许多频道上讨论并转发了这则广告。

这次宣传的第二步是"反响"环节，真正的跨媒体性和参与性特征展露无遗，广告以超越所有品牌的态势实现了病毒传播效果。为达到这一目的，负责广告的波特兰魏登＋肯尼迪事务所从 Face-book，Twitter，YouTube 以及许多其他频道中挑选了用户和评论，由 Old Spice 角色直接向对方发送个人视频讯息。一开始讯息发送的对象是知名的或影响力较大的社交媒体用户，比如电视主持人艾伦·德杰

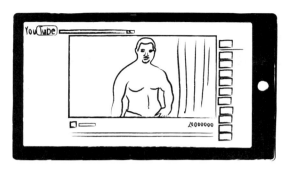

图 10 - 7　YouTube 上的 Old Spice 广告片

尼尔斯以及知名博主佩雷斯·希尔顿等。但参与这一事件的大多还是普通用户，在两天半的时间里，出现了 186 个视频剪辑，出人意料地以野火燎原之势传播开来，并触发了成千上万的评论以及互动。与女演员艾丽莎·米拉诺的对话甚至连出了四个视频外加一则调侃讯息，这则讯息还收到了米拉诺自己发的一条视频，作为回礼。此外还产生了一大批其他用户制作的恶搞内容。

Old Spice 的这则广告显然获得了巨大的成功，这不仅显示在评论量和点击量上，而且表现在经济数据上。

● 在广告面世后的六个月内，Old Spice 的年度营业额提高了 27%，这半年内的月营业额提升 107%。

● 网上播出量达到 20 亿次，视频观看量在第一周已达到 4 000 万次。

● 75% 的品牌网上对话发生在宣传启动后的头三个月内，男性和女性用户各占一半。

● Twitter 上的关注量增加了 30 倍。

● 在谷歌上的搜索量提升 20 倍。

- 在 Facebook 上的互动提升 8 倍。
- 网页 oldspice.com 的访问量提高 3 倍。

糖果品牌 Skittles 于 2010 年末进一步加强了视频信息的个人化和互动，公司用 Skittles 的品牌标志彩虹装饰了一个呼叫中心，组织了一支发言团队并提供一项能实现自动下载的视频技术，然后借助互动在两周之内就制作出 21 000 条视频（见图 10-8）。所采用的点子简单而绝妙：用户可以在 Skittles 的网页上给出一个状态更新，它在几分钟之内就会通过视频被公开朗读出来，并且可以转发。有的用户直接把他们典型的吃喝帖子上传到 Facebook 上让人朗读，有的人借助 Skittles 的名叫"更新彩虹"的视频工具进行求婚。网上粉丝团人数增长了 10 倍多，Facebook 互动量增加了 110 倍，而营业额增长了 0.3 倍。

图 10-8　Skittles 宣传活动《更新彩虹》

跨媒体讲故事让品牌成了导演、游戏带头人和总指挥。即便进行推动的是品牌自己，但大众的参与也必须从一开始就被计划在内，这样才能围绕故事聚集起一个志趣相投的群体来，他们彼此交流并且会与品牌进行沟通。一个广告就是一个向公众发起的邀请。

故事的各个部分在不同的平台上借助企业以及企业的目标群体得以铺叙展开。要编配协调所有的声音和内容，而不是让它们沉默下去。公众如果能有更多的机会参与到故事中，他们对品牌的积极性和忠诚度就会更高。

跨媒体战略

一个跨媒体的、协调统一的故事并不是依靠把相同的内容发布到不同平台上而存活的，恰恰相反，内容应该针对各个渠道相应地去调整它的可能性和独特点，且彼此之间尽可能做到相辅相成（见图 10 - 9）。人们在路上用智能手机看 Facebook 帖子、在家里用 iPad 阅读长篇博文或是看电视广告，这其中的感受和态度是很不一样的。

图 10 - 9　跨媒体宇宙中的品牌

应该实现哪种程度的公众参与

想要为自己的企业故事找到正确的频道、类别和内容并正确地进行整合，就不能只盯着某一种固定模式。不过，有几个要点和问题可以让通向正确的内容战略这条路走得轻松一点。如果走的是大众参与的跨媒体叙述这个方向，首要的问题就是：什么程度的参与会有效果，哪些情节应该由公众来发挥。这是因为用户的积极参与可能包括繁多的花样。

企业家罗斯·麦菲尔德通过《参与的幂定律》(*The Power Law of Participation*) 研发出一种模式，它可以显示用户在线上能够为集体与协作智慧创造多少附加值（见图 10 - 10）。在左端是相对被动的反应，比如阅读或消费、点赞或评论。这里需要脱开平台和故事考虑一个问题：参与度高的用户是极其稀少的，大部分公众都是相对被动的或处于中间区域。比如在维基百科上就是 0.5％的用户

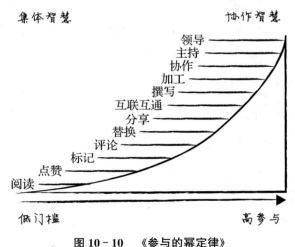

图 10 - 10　《参与的幂定律》

编辑 50％的内容和修订。

传播专家罗伯特·普拉腾在他的电子期刊《跨媒体故事起步》（*Getting Started with Transmedia Storytelling*）中为网络参与的评级和测定提出了一些建议（见表 10-1）。

表 10-1

参与度	关注	评估	好感	赞赏	参与协作
内容目标	找到我！公众来到品牌网站，以极低的积极性进行访问	尝试我！大众参与	爱上我！大众付费，并认为产品兑现了它的承诺	谈论我！大众推荐	参与我！大众创造自己的内容
方式	成为重要的！	成为可信的！	成为不凡的！	让自己得到传播！	保持开放！
测定	● 观看量 ● 停留时间 ● 各个频道和内容，比如电子邮件、博客、视频、Twitter等	● 点击量 ● 下载 ● 登记 ● 试订阅	● 购买 ● 评价，评论 ● 博客帖子 ● Twitter、Facebook 等平台上的社群发帖	● 再次购买 ● 订阅 ● 网上会员：转发、嵌入 ● 线下的满意度 ● 调查：重点群体、问卷调查	● 下载、混编、撰写的故事 ● 论坛中的粉丝版主数量 ● 参加活动的人数、其他用户生成内容

一个好的内容战略同一个好故事一样是建立在明确的目标之上的。针对想要的参与度的不同，其脚本和场景也有很多不同的选择。

思考题

1. 用户是否会为了从网页上了解某些产品的详细信息或进行购买而访问您的网站？

2. 招聘能否找到优质的应聘者——不论是通过企业自己的网页

或是其他（应聘）网站的在线表格？

3. 在 90 后群体中的市场知名度和市场互动是否应该得到提升？

4. 是否应该捆绑客户，比如让客户订阅电子报或是在各个社交媒体上关注企业？

5. 是否应该让公众有机会现场体验您的品牌，从而让参加宣传活动的人尽可能增多？

6. 是否应该让半数以上的公司员工参加企业内部的问卷调查？

———————————————————————

这些只是让广告宣传达到目的的一小部分方法。最为关键的是：必须明确定义目标，并且目标必须是可以评测的，这样才能让故事的单个章节和阶段有所依循。

在选择适合的频道与形式时，首先应该做出三个关键性决定。

目标

将所有的故事线索连接在一起的核心或中央锚点是什么？与前文中的连锁式例子相比，它能否让电影，比如《星球大战》和《哈利·波特》，达到预期效果，围绕目标或以它为出发点构筑起所有内容。

以 Old Spice 广告为例，这个核心很可能就是 YouTube 频道。尽管这场宣传活动的第一个视频本来是作为超级碗比赛广告而设定的，但制作者已经考虑到要利用好社交媒体社群对该广告的兴趣。即便网页访问量是一个很有说明力的关键绩效指标，Old Spice 却没有把公司网页作为目标摆在中心位置，因而，并没有任何一个视频或视频描述通过 Call-to-Action（行动召唤）提到过公司网页。跨媒体宣传的目标大多数是一个企业自己能够控制的渠道，比如自己的 YouTube 频道。

思考题 ————————————————————————————

选择合适的核心内容取决于多种因素。

1. 怎样才能以最佳方式讲述企业故事？

2. 在文案、图片、视频、活动以及其他资料方面您拥有哪些资源和专业技能？

3. 您的企业内部已经建立了哪些频道？

4. 哪些频道允许何种程度的参与，能否在其他页面上加以控制？

5. 您的受众熟悉哪些频道和技术？

6. 频道是否容易被找到，能否便捷地在其他频道加载链接？

7. 频道是否便于分享，能否激发更多的互动？

哪条大路通罗马

第二个问题就是：通过什么样的方式来让公众注意到这个核心，换句话说，就是企业要在哪里与公众进行初步的接触、对话应在哪里展开。这个决策应该建立在对目标群体进行透彻分析的基础之上。即便公众群体的覆盖面很宽，讯息和对话也仍然可以通过在某个平台（比如 Facebook）或是选出合适的小众平台上目的明确的定位而得到更有针对性的表述。

以 Old Spice 的《回应》为例，一开始针对的是有影响力的

Twitter 明星以及与推文相关的内容。此外，企业还在 Facebook 上积极开展行动，因为那里同样有大量的交流对话。一个在 Old Spice 视频中提到的 Tumblr 网页则是特别针对美式橄榄球赛的，从这个页面上就进入了超级碗赛广告圈子。现在，Old Spice 还开了一个 Instagram 账户，这是在 2010 年宣传活动启动时还没有的。

　　在选择适合的故事切入地点时，既可以利用自有频道（Owned Media）的影响范围，也可以利用付费渠道（Paid Media）以及信息传播人（记者、Facebook 分享、Twitter 转发）的影响范围。

思考题

　　1. 您的受众是哪些人？

　　2. 他们使用的技术有哪些？

　　3. 他们的时间是否充裕？

　　4. 应该怎样让他们体验跨媒体故事？

　　5. 要获得哪种程度的参与和互动？

　　6. 怎样对参与度进行调控？

　　7. 用户可以对故事产生多大程度的影响？

　　8. 故事应该只是纯数字式的体验还是也要在现实生活中进行传播？

　　9. 针对所希望创造的感受体验，哪些媒体最适合？

　　10. 每个频道的附加值具体是什么？

　　11. 目标群体是大众还是小众？

Call-to-Adventure 是什么

想要赢得更多的用户参与而不只是获取一般性的关注，或者想把公众引向特定的频道、激发他们采取特定的行动，就可以借助很有说明力的 Call-to-Action（行动召唤）来达到目的。故事会在我们的脑海里产生影响，让大脑模拟或练习特定的情况，可以说故事就是一种动力催化剂。那么为什么不好好利用这一点将大众带往下一阶段的旅程呢？讲故事原则上就是 Call-to-Adventure（冒险召唤）：大众得到导师（企业）的激励而成为故事的一分子。一场冒险会是什么样子的，取决于大众参与被强化到哪种程度、主人公和导师所分享的价值和成长需求有哪些、处于中心位置的情节又是什么。Old Spice 广告一开始主要面向的是明星用户，因此不一定需要鲜明的 Call-to-Action 来唤起普通用户的羡慕和虚荣心、刺激他们一同参与到宣传中来。假如要发起召唤，目标表述可以是这样的：用独特的方式向我搭话（独特性），你将会成为喜剧/浪漫剧的一分子（最高参与程度）。这样的表述当然不等同于技术上的 Call-to-Action（也就是可以在视频或网页上点击的按钮或链接），在用语的简洁以及遣词造句方面需要遵循其他规则。多芬《真美丽素描》视频的目的——或者说所包含的召唤——可以这样表达："如果你认为我们应该对美丽（成长需求）做出全新的定义（重生），那么就分享这个视频吧（赞赏）。"

思考题 ————————————————————————

1. 重点的需求和价值有哪些？

2. 重点的情节是哪些？

3. 主人公和导师有哪些特点？

4. 这些特点会给对话带来什么样的影响？

5. 应该唤起哪种程度的参与？

6. 怎样去表达这一程度？

7. 怎样去表述 Call-to-Adventure？

8. 还可以额外植入哪些刺激/奖励？

在进一步探讨自有频道、形式和技术前，让我对跨媒体讲故事再做一次提醒：根据形式、内容和公众的不同，在同一媒体内也是可以成功讲故事的。跨媒体不应该被看作一切故事形式的模板，尽管受众也使用其他媒体并在开展活动。

在我们与 Aimaq 品牌咨询公司总裁胡柏图斯·罗本斯坦的对话中，他做了恰如其分的总结：

"目前很多人较常用数字方式而不是技术方式。瞧，出了一个新频道，我们去那里做点什么吧，现在又有了 Snapchat，我们还能再做点什么呢？在这一过程中大家经常忘记了重点：品牌才是我们必须摆在第一位考虑的事情，因为它是一切的出发点。必须想清楚：故事是什么，品牌想要讲什么样的故事，而故事又想要代表什么。在这之后才谈得上应该在哪些频道讲故事的问题。"

他谈到了德国跨媒体故事的一个例子：酒商 Berentzen 把重点放在网络视频和现场活动互动上，两者相辅相成，同时也拓展到 Facebook。

首先你得看产品是什么、要针对的目标群体是哪些人。不管是谷物酿造、苹果谷物混酿，还是果酿波尔本，全是本土产品，它们不一定适合在鸡尾酒吧优雅地啜饮。这是很诚恳、真实而地道的。该公司位于哈塞吕内市，这也是非常确切的。这种脚踏实地的风格现在已经尝试着在广告中进行宣传。有一个挺出名的电视广告连续播放了好几年，内容是城里人赶来哈塞吕内参加在谷仓里举行的乡村节庆。

我们也考虑过，在"地道可信"这个主题上，到底会出现什么样的矛盾冲突。然后很快就想到，Berentzen 的目标群更趋向于年轻人，而这个群体有一个相当大的问题："我们在很多方面经常不断地按照自己希望的样子重新臆造自我。我可以按自己的意愿在 Facebook 上虚构一个自己，我还可以在所有社交媒体上都这么做。"

企业以此为话题展开了一次宣传行动，它完全没有在电视上露过面，而是从短小的网络影片起步。这个影片的主角是年轻喜剧演员大卫·韦尔克，他在科隆的一家老式酒馆里碰到了一位女店主，这位名叫格尔蒂的店主是一位真实人物。大卫坐在露台上，享用了一杯啤酒和一杯谷酿烧酒，显然，这位年轻的喜剧演员是这家酒馆的常客。他和女店主讨论起这样一个话题：在他们身边到处都是虚假，人人都试图让自己显得比实际上更好或是不一样，以致大家都没了勇气做自己。这样一来，我们就失去了很多东西。接着，两个人决定去寻找真实的东西，于是就进入了故事的第二章节。

作为代步工具，他们选择了一艘名叫"存真"的方舟，借助这条真船他们将穿越全德国。存真号方舟停靠的第一站是柏林。在那里，格尔蒂为人们斟上 Berentzen 酒，但想要得到她的酒，就必须说出有关自己的且知道的人不多的一件真事。大卫坐在方舟上现场通过 Tinder 交友软件和几个女孩调笑，想看看能不能和她们约个会，但前提是：照片必须是真的、说的所有话也必须真实。这一场景自然引出了很多动态图片内容，主题是"说真话的人，船上的大卫和他约来的姑娘们"，因为他真的成功约来了四位女孩。

在第二站的汉堡，团队停靠在了红灯区，想去那里的一家酒馆听一听谁能发出最响亮的假声，真是一场破世界纪录式的尝试。

然后是第三站，这一站其实并不在计划之中。他们本来想要直接去德国超模秀，打算在那边再搞几个有意思的活动，却没能成行。然后他们就让两名主角在方舟上现场为决赛做实况讲解，一时间动态图纷至沓来。最后，存真号方舟来到了位于哈塞吕内的 Berentzen 酒厂，在那里为员工和宾客们办了一场非常不错的庆典。第二章就此结束。

仅仅通过这个行动就让苹果波尔本酒的销量大幅提升，因为这个产品陪伴了整个活动；另外，让 Berentzen 的 Facebook 社群关注量从 70 000 增长到了 130 000。这本来是一个无人问津的 Facebook 社群，而现在开始有很多人进入社群交流讨论，话题围绕着不作假和去伪存真。

即便作为小型企业、不像 Berentzen 那样有充足的预算，也不能绕开跨媒体讲故事的思维理念，因为客户和员工使用的频道不会只有一个，他们可能早就开始在别的频道上讨论产品了。不过，企业也没有必要为了尽可能地避免漏掉人和事而使用所有频道，真正关键的是：要准确地把大众捆绑在故事讲得最好同时还能像预期的那样促进大众与故事讲述人之间互动的那个平台。因此，对于预算较少的企业，很有必要再次认真地考虑以下问题。

思考题 ——————————————————————————

1. 在现有知识和资源的基础上，您的企业可以通过什么形式让讲故事收到最理想的效果？

2. 您还可以通过什么方式进一步利用这一形式？

3. 在哪些平台上可以最理想地呈现您的故事？您的客户在哪里？

4. 您希望客户和员工在各个平台上有多高的参与度？

5. 您怎样让各个频道彼此紧密衔接？

——————————————————

引用事例 ——————————————————————————

FCB Global 公司的《仙履奇缘 2.0》：https://www. youtube. com/watch? v=CP-zOCI5md0.

Old Spice 公司《回应》：https://www. youtube. com/playlist? list=PL484F058C3EAF7FA6.

Berentzen 公司《存真》：http://www. wuv. de/marketing/unfake_berentzen_wagt_testlauf_im_netz.

第 11 章

视觉叙事

　　电影常常能通过一个画面就唤醒我们脑海中对整个故事的色彩、气氛、感受以及背景等的记忆：坐在公园长椅上、手拿一盒巧克力的阿甘（见图 11-1），热恋中分享同一根意大利面的小狗"小姐"和"流浪汉"，身穿束缚衣、嘴上带着护罩的食人魔汉尼拔，

图 11-1　《阿甘正传》电影海报

还有当泰坦尼克号沉没后在冰冷海水里攀着浮木的杰克和罗丝。大多数的大片都有 90 多分钟的时长，但一个经典的场景就能让我们在心里回放出整部电影。

摄影记者可以通过一张照片昭示复杂的历史、政治或文化事件的概貌，从而图留青史。比如维利·勃兰特的"华沙之跪"，又如玛丽莲·梦露在地铁站竖井上白裙飞扬的画面。

企业要在公众的脑海里留下印象，并不是只有宣传自己的商标一条路可走。恰恰是在讲故事这个环节上，视觉内容的潜力是无穷的。许多研究表明：视觉化的故事能吸引更多的关注、能更迅速地被理解并且更好地被记住，这样一来在获取大众参与方面的成功率也就更高。

● 在抵达大脑的信息中，有 90％ 是视觉性的。大脑对画面的理解速度要比文字快 6 万倍。要理解一个画面的中心内容，平均所需时间为 1/10 秒。要阅读 200 字的内容，平均需要一分钟。在线读者花在图片和视频页面的时间是一般页面的 2 倍。

● 在 Facebook 上，视频的转发量是文字、帖子和链接加在一起的 12 倍。

● 据估计，到 2018 年整个互联网流量的 79％ 将是视频内容。

● 视频内容在社交媒体上的转发量是其他帖子的 40 倍。

即使抛开这些数据也可以通过几个简单的例子看到，画面对我们想象力的刺激是非常强烈的，它们能激发我们参与。当我们看见一个包着礼品纸的盒子时，我们的好奇心就自动被激发，想要知道盒子里藏着什么。正如在第 1 章中提到过的反映故事对大脑影响的那个不完整的三角形，它展示了我们会无意识地把画面中的缺失补充完整。我们通过诠释的方式围绕一个画面编织出一个故事，或者更进一步，根据视角不同讲述一个故事。当一名父亲恼怒地盯着顽皮的儿子时，我们想要知道——有时是自己思考和想象——这个孩子到底干了什么坏事。当两个姑娘说悄悄话而其中一人看某个方向时，我们大多会觉得她们是在讨论那个方向发生的什么事情。

从一个画面发展到一个能触动我们、将我们带往旅途的故事，还需要满足几个前提条件。

视觉化的故事世界是什么样的

出于成本原因或是其他自以为的费用问题，企业常常在对内容进行视觉化时采用便宜的库存图片或视频。对于品牌价值而言，这种选择却通常是极为糟糕的，因为所选的照片也可能被竞争对手或某个来自完全不同行业的公司使用过了，这样一来，视觉故事就失去了独特性。

正如商标和网页应该遵循统一的视觉准绳那样，故事中所采用的所有静态和动态图片也都应该如此。一个有着明确定义的画面语言能提高识别值，能传达企业价值并能帮助增强特定目标群的兴趣和关注。

以可口可乐为例，所有视觉交流手段都像商标那样采用了标志性的红色，它传达着自信、乐趣和热情等意义。不管照片、视频还是绘画，鲜明的色彩对比让红色在任何情况下都鲜亮惹眼，从而让视觉故事难以被忽略。

多芬的产品中，不只有润肤露采用了简洁、明亮而友好的包装，多芬故事的整个画面语言都具备这些特点。不论是宣传海报还是《真美素描》的视频或其他社交媒体图片，都采用了光线明亮的空间、以白色为主的元素和背景（明澈、简洁、轻松、纯洁）。

艺术家和设计家出于好意为特定项目建立起动态调色板。色彩、混色搭配、对比、饱和度等都通过各不相同的方式刺激着我们的大脑，并且对我们的感知有关键性影响。研究表明：在第一次与他人或某个产品相遇仅 90 秒之后，我们就已经对这个人或这个产品产生了看法，而这一决断 62%～90% 是建立在色彩基础上的。

不过，视觉故事世界并不仅仅围绕着色彩。正如维也纳的旅游营销规定所展示的那样，视角和编辑风格也应该统一起来。比如，一张自然、随性的抓拍照片和一张摄影棚内摆拍的照片不搭调，哪怕它们采用了相同的颜色。

所以，维也纳旅游门户网站在它的品牌手册中这样写道：

"为了能让区别更明显、特点更明确，现制定一套专用图像体系，对画面剪切、视角、光线、色彩、模型选择等元素进行了规范。该体系符合品牌分析给定的品牌价值（良好的直观感受、文雅、不过时、优质），也展现了维也纳是一个现代、开放、国际化、繁荣且生机勃勃的大都市。……图像的风格符合高标准的旅游摄影要求：优质、真实、编辑专业化。……此外，还规定必须顾及一个特定元素，这个元素既能在维也纳的建筑艺术中找到，也存在于本土美食、维也纳公园的夏日抑或温暖路灯下的一次夜间漫步中；它既是帝王的颜色，是维也纳炸牛排的颜色，也是美泉宫的颜色——金色。所有的画面都要很有代表性地部分运用金色。这一点不只针对帝王的皇冠和分离派展览馆的屋顶。对这个颜色的突出以及对其他色彩的选择要显得很经典同时很现代。金色部分可以主导图像的部分平面，也可以鲜明地作为重点中心。在很多摄影作品中，金黄色的部分可以在图片加工过程中得到加强或补充。所有其他颜色的使用要少几分浓烈和主导色彩。"

即使商标或企业设计对图像已经有所规定，在这个大前提下仍然可以兼顾导师原型、定义好的价值以及目标群体的需求。

以巴塔哥尼亚公司为例，在前文中被我们归类为综合了先驱者、领队、治疗师以及见证者的混合型，而企业所体现的价值主要是自由和透明化，那么仅仅基于这一点就不应该采用暗色调——虽然品牌的商品多以黑色为主色调。因此，公司的博客没有用黑色，而选用了自然界常见的颜色，比如蓝色、绿色和沙砾色。

思考题

哪些颜色、主题和其他视觉手段反映了您的企业价值？

以视觉为中心：主角

目标群体总是会更加认同那些和他们相似的人。一张图能否获得成功，在很大程度上取决于我们能否树立起这种认同感和可靠性。比如，有一位来自大城市的企业家在寻找一个有格调的笔记本电脑背包，那么一幅漫游者背着包徒步或一个男孩子背着书包去上学的画面是不会吸引他的。

针对自己的目标群体制作优良的画面是不可或缺的，画面还必须真实可信，这样才能让目标群体从中找到自己的影子。因此，自然要采用客户和员工自己制作的图像，并通过各个社交媒体频道鼓励大家转发分享。即使这些作品不一定能有企业图片那样的高质量，但与精美图片相比，真实与诚恳对大多数人的影响力会更大，而明显是设计、导演出来的场景，比如图片库美图，就很容易让人产生不信任感。

即使在有些情况下我们会觉得高专业性的照片更合适，但仍然可以采用真实照片作为辅助补充。比如，越来越多的网上商店不仅选用目录照片，还常常通过自然条件下的使用情况以及透过使用者的视角来展示自己的产品。很多人都有过这样的体会：现实中的产品看上去完全和图片是两码事，而真实的照片就能够避免客户产生这样的担忧。

在如何将主人公与视觉传播进行捆绑方面，我们还可以更进一步，将目标群体推到中心位置。

唐恩都乐曾经在一段时间里用当月的顾客作为公司 Facebook 封面照片的主角，甚至还把各个粉丝送上了纽约时代广场的电子广告屏（见图 11 - 2）。可口可乐以及美国电信公司 Verizon 也借助移动应用软件向粉丝们征求照片来与社交媒体进行捆绑。

图 11 - 2　唐恩都乐 Facebook 封面照

在企业内交流中以及在雇主品牌方面，也越来越趋向于采用真实员工、办公室的图片，并展现真正的日常工作生活，而不是采用脸谱化的集体照和标准化的工作场景。

企业如果让自身透明化并展现出脚踏实地的形象，会让用户觉得很亲切也很人性化。因此，娱乐品牌——比如名人明星——会在 Instagram 这样的视觉社交频道上展现幕后故事、展示自己并不总是台前那完美的明星，这就并非巧合了。通过这样的方式，他们显露了自己作为普通人的一面，这对于数以百万计的粉丝来说无疑有巨大的吸引力。

对幕后故事的展示还有一个好处，那就是把大众带到了一个旅行并返程的故事当中。企业把大众带到一个迄今未知的地方，希望他们从此能够以不同的眼光看待公司的产品或者服务。但如果不从权威的角度去介绍，而是让真实的人，比如员工来叙述的话，成功的可能性将会更高（见图 11－3）。

图 11－3　机场幕后故事

思考题

哪些主人公和角色可以捆绑到叙事当中？

文字变得多余

卓别林的电影都是永不过时的经典之作，即使没有对话我们也很容易理解影片的内容，我们会跟着故事一起笑、一起哭。默片这种形式源于当时技术上的局限性，但它让卓别林成了最优秀的叙事人，没有字句也照样制作出人人都能懂也能接受的故事。

视觉叙事方式也意味着：画面拥有极大潜力，它们高度的说服力让我们可以省略大部分的文字。"一个画面就胜过千言万语"这句格言不应该只从字面上接受。以事实去展示一个产品、一项服务或一位员工，将为企业和受众节省时间和精力，让大家无须再撰写或阅读大篇幅的效果不佳的文字。

尽管如此，画面也始终要在上下文中被观看、被诠释。如果上下文不很明确，画面下就必须有文字，不然就很容易让观众联想到别的东西，从而偏离本来的主题。为了让内容和意义清楚明白，文案和画面也应该协调搭配。

对比带来冲突和转变

对立和矛盾冲突可以存在于主人公和他的对手之间，也可以出现在主人公的内心。如果克服了这两种情况，主人公将升华为真正的英雄并完成他的转变。但怎样才能只用一幅画面就描绘清楚这个复杂的过程呢？

这里要用到一个魔法咒语，它叫作对比。用来体现对比或转变的一个最常用的形式就是前后对比，比如我们在健身节目中就常常能见到它。如果一开始就清楚英雄旅程中的旧世界和新世界或者对手是什么样的，那么可以围绕这一点进行一次头脑风暴，找出哪些画面或标志可以和新旧世界搭配，从而形象地体现这一对比。

"I'm a Mac，I'm a PC"就是这样对立的一组矛盾，用一幅图就可以表示清楚。同样，《滚石杂志》在20世纪80年代仅仅凭借简单的对比就让广告的客户们相信了：杂志的读者群并不是只有吸大麻的贫穷嬉皮士（见图11-4）。

完美 现实

图 11-4 20世纪80年代的《滚石杂志》广告

不过还有一个细腻但能带来较大心理影响的方式可以表现冲突，那就是色彩。正如您所知，不同的颜色对我们的感知有着不同的影响效果。因此，相对立的信息仅凭这一风格元素就可以体现出来。

思考题 ——————————————————————

您所定义的视觉世界有着什么样的对立物

——————————————————————

眼睛和主人公各有什么样的目标

主人公追求的是什么？我们的目光应该被引向哪个方向？这两个问题在视觉叙事中是紧密相连的。画面毕竟有着许多的细节，那么我们怎样才能精准地把观众引向故事的中心呢？要将观众的注意力引向既定的某一点，可以借助四个简单的方法。

一个孩子在朝着某个方向奔跑，一个男人正从架子上拿取什么东西，一条狗兴奋地朝着篱笆跑过来——所有这些场景都有着鲜明的动态特征。（具有动态特征的画面可参见图 11-5。）故事在往前发展，一个演员正从甲地前往乙地。在叙事当中，大众比较关心的是主人公要去哪里而并非他是从哪里来的，这样就有办法把目光引向目标了。同时，画面也可能包含了故事的开端以及途中有哪些障碍等多项内容。

图 11-5　硫磺岛

将两个场景整合为一幅画面的另一个手段是聚焦。比如在糕点店的照片上可以聚焦在糕点师的双手上，展现他是如何装饰小点心的；如果不是要把制作过程作为中心，而是要展示工作成果，那么也可以相应地将画面重心放到已完成的点心上。通过这样一种细腻的方式可以将观众的视线掌控在叙事者手中，而不必省略掉任何东西（见图 11 - 6）。

图 11 - 6　哪个主题是焦点？

另外还有一个不那么细腻但也久经考验的方式就是三分构图法，这里涉及的是画面的分配（见图 11 - 7）。如果将水平线和垂直线分割成三等分，那么就比较容易将视线引向这四个相交点中的某一个。

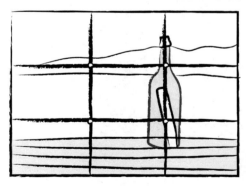

图 11 - 7　三分构图法

最后一个办法就是通过我们所选择的视角对主人公的目标做出不一样的描绘，从而改变投注其上的目光。对立的视角可以体现给与拿、行动与旁观之间的区别。

　　俄罗斯摄影师穆拉德·奥斯曼就是一个极佳的例子（见图 11‑8）。他的摄影方式是这样的：让自己的妻子作为女主人公处于画面的中心，她在奔向自己目标的同时还与丈夫也就是摄影师本人牵着手。这个姿势在各个画面中保持不变（观众看见的是她的背影，她伸向后方的手与丈夫的握在一起），只有视野中的旅游主题不断变化，从威尼斯的河道到迪士尼公园的大门，再到热带丛林里的瀑布。仅仅通过视角就能创造出一个截然不同的亲密融洽感，同时将信任这一主题与对旅游的热情很好地结合在一起。如果另外一对伴侣同样一起四处旅行，但是从旁观者的视角拍摄照片，那么所产生的情感效果就完全不一样了。

图 11‑8　穆拉德·奥斯曼的摄影系列

不借助 F 模式而做到引人注目

讲故事以及企业传播所面临的一大挑战就是：在第一步能获得大众的关注，在最后一步不要那么快地从大家的脑海中消失。在所有说到的规则和提示中还应该强调：当套路被打破时，也会——或者说只有这样才会——引起人们的注意。很多画面主题已经被千万次使用来传播相似的讯息。艾玛·科茨曾经是全球闻名的动画工作室 Pixar 的一位员工，她在 Twitter 上公开了工作室的 22 条叙事规则，其中的 2 条对于寻找不落俗套的画面主题是极有启发性的。

1. 当你想不出好点子时，那就列一张清单，写出**所有**不予考虑的选项。通常从这里可以找到不少之前没有意识到的东西。

2. 忽略你所想到的第一个点子，以及第二、第三、第四和第五个。把显而易见的东西撇到一边，会有意外惊喜。

动态画面中的视觉叙事

前文所引用的叙事实例，大多建立在动态画面的基础上。一个成功的视频广告的基本前提在于：首先要有一个对的故事。另外，这一类型的视觉媒介还需要注意几个可能会对大众产生影响的方面。

广告片有哪些内容上的格式

和静态画面不同，视频的叙事格式有更为广泛的原则。在企业传播中常见的有：

1. 情感式广告宣传。

2. 信息式讲解视频。

3. 企业介绍/形象宣传片/招聘视频。

4. 采访。

5. 报道/幕后故事。

谁在讲故事，谁又是主人公

广告片的视角将受到两个中心人物的影响：谁是叙事者，谁又是主人公？除了让中立的发言人或企业领导来做叙事者之外，还可以让原本的主角——也就是员工或者客户——来掌控镜头，透过他们的眼睛来讲述他们自己的故事（见图 11-9）。

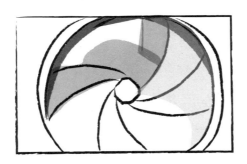

图 11-9 镜头

这通常是专业摄像和证言式叙事声音的混合物。视频中具体要讲述什么人和什么事，取决于定义好的故事和中心人物。是否应该借助演员和虚构的情节来讲故事？或者应该再现真实用户和员工真实的体验、看法和经历？再或者是否应该围绕某种生活感受来展开，比如特定的成长需求等（这通常是一幅有演员或没有演员的不同场景拼贴图)?

音乐的基调是什么

视觉故事有一个不容低估的陪伴元素，就是音乐和声响。音乐对情绪会产生什么影响，针对这个课题有很多研究。我们中的大多数人都已经通过电影和广播剧对电影音乐和声效有了深刻的体会。《帝国进行曲》一响起，我们就知道黑武士达斯·维达来了，哪怕他还没有出现在银幕上。大白鲨一出场也自带了音效通知（见图 11-10）。

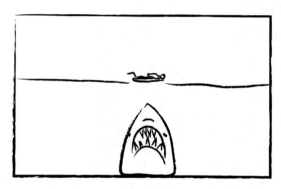

图 11-10 《大白鲨》(宣传海报)

选择合适的音乐对整个故事起着至关重要的作用。音乐可以作为辅助手段，其作用是：

1. 象征着对立和冲突。

2. 制造紧张感。

3. 建立和谐与安宁感。

4. 体现激动和欢乐情绪。

5. 暗示即将到来的欢欣或是有所预感。

此外，想要讲述一个普遍通用的、不受语言局限的国际化故事，音乐是非常有效的。这一点在 21 世纪也是行得通的，当代默片《艺术家》(The Artist，2011) 就给出了一个强有力的证明。为什么品牌不能利用这一点呢？绝对静默所产生的效果是不可低估的。

同样重要的还有声响和音效的应用及其质量。网上平台 Etsy 上主要出售各个商家自己制作的产品，它在自己的系列视频《手工肖像》中主要推介了一位铸剑师、一台可以和 iPhone 联用的打字机以及布鲁克林的一家制表作坊。在这些视频中，声效扮演了非常重要的角色。观众们可以清楚地听见工具的声音、听见用热爱制作出来的产品的声音，从而觉得无限接近制作者和制作过程。

另外一个例子是广告片《GE 之声》。在片中，通用电气所生产的各种机器和电机发出的声响被和谐地重新混编在一起。视频的描述是这样的：

"每一台机器都有它独特的声学特征——精准的频率表明机器在最佳状态下运行。通用电气的工程师们监控并记录了这些声音，以便对飞机发动机、机车、动力涡轮机和医疗设备进行实时诊断。"

长度是否有决定性意义

对这一问题的回答很明确：没有。如图 11 - 11 所示，根据视频的目的和所针对的重点频道不同，有很多不同的建议、平均值或者技术限制，比如：

1. 一个众筹视频的时长应该有 3 分钟左右。

2. 在 Instagram 上的视频出于技术原因不能长于 15 秒。

3. Facebook 视频的平均时长为 1 分 28 秒。

4. YouTube 视频的平均时长为 12 分钟。

5. 在德国，长度超过 89 秒的广告片均被视为电视购物片。

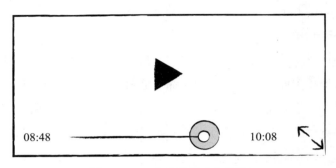

图 11 - 11　十分钟的空白视频

在运用视频时，自然要考虑这几条以及其他的很多技术前提，还有经过验证的建议。基本上长度超过 6 秒的叙事电影或微电影都可以使用，正如美国知名饼干品牌奥利奥在 Twitter 视频平台 Vine 上的成功做法（https：//vine. co/Oreo. ）。《乐高电影》是另一个极端，这是一个长达 100 分钟的、蔚为壮观的品牌故事格式（见图 11 - 12）。

图 11 - 12　《乐高电影》

互联网上的视觉格式进化

通过互联网，视觉修辞手法发生着急剧的变化。这里有两个因素：一个是网上社群很有创造性，人们通过混搭（mashups）、"梗"（memes）以及重混（remixe）不断找到新的途径来创建病毒式内容；另一个就是移动网络的突破，新的使用习惯产生了不一样的叙事格式。

GIF

图像交换格式 GIF 就是连环画的一种网络变异体。一系列动作的各个图片被综合在同一文件中，它在大多数网页上以不断循环的方式播放。明星们无意间做的鬼脸、电影里的经典镜头还有各种 YouTube 内容都可以作为其内容模板。它也非常适用于网上客户对话，但前提是企业了解目标群体的热点内容，并且拥有相应的对话文化，可以让好话、坏话都有机会交流。

网上平台 Hootsuite 就是其中一例，两名用户在那里恼火地谈论 Twitter。当其中的问题通过品牌互动在 Twitter 得以解决之后，团队发了一个 GIF，内容是美国连续剧《老友记》中的全体主角激动地彼此拥抱的场景。

Vine

微视频平台 Vine 如今已经隶属于 Twitter，它和 GIF 的关系非常密切，Vine 可以拍摄类似 GIF 动态图像的 6 秒短视频。从博柏利到三星、大众这一类企业都采用 Vine 拍摄了短小、有趣的短视频。

滑动照片

滑动照片越来越多地被 Buzzfeed 这样的社会新闻和娱乐门户采用，目的是通过互动的方式将对比和转变视觉化。在《15 部大片角色的原版 vs. 翻拍版》这一类的文章中可以通过左右滑动看到两张照片的直接对比（见图 11-13）。这一格式还几乎没有得到品牌的采用。不过，将它整合到自己企业博客上的相应工具已经有不少。

图 11-13　威利·旺卡的扮演者吉恩·怀尔德 vs. 约翰尼·德普

嵌入文字的视频

Facebook 作为上传视频的一个渠道变得越来越重要。它现在每天的视频观看量已经超过 80 亿次。直接上传视频内容到 Facebook 上对企业来说还有一个优势：当用户通过移动终端下拉自己的留言板时，视频就会进行自动播放。不过，因为大多数人是在路上使用智能手机进行浏览，所以通常都关闭了音效。因此，一些品牌和媒体针对这一用户行为进行了调整，在视频中添加了清晰易读的文字来取代旁白。

社交媒体的封面图片

Facebook，Twitter 以及其他的社交媒体都极其重视用户以及品牌账号的封面图片和头像，这些通常较大的平面也应该在视觉叙事中好好利用起来。正如我们在唐恩都乐的例子中看到的那样，在这些画面中可以让真实生活中的主人公站到聚光灯下，或者可以聚焦当前事件，比如节庆假日等，这样可以通过封面图片制造出新的话题。

引用事例

维也纳市旅游门户网站品牌手册：https://b2b. wien. info/de/marke/bildsprache.

巴塔哥尼亚博客：http://www. thecleanestline. com/.

摄影师穆拉德·奥斯曼的 Instagram：https://www. instagram. com/muradosmann.

Etsy《手工肖像》系列片：https://vimeo. com/album/1731376.

通用电气《GE 之声》：https://www. youtube. com/watch？v＝cCUX4dDjhBQ.

Hootsuite 在 Twitter 上的 GIF 回复：https://twitter. com/hootsuite/status/487033581207052288.

第 12 章

借助数据讲故事

在一项针对来自不同企业和行业的 23 000 名员工进行的问卷调查中得出了以下几点主要结论：

1. 只有 37% 的人说他们对自己所在单位制定的目标以及要达成这个目标的原因抱有美好的向往。

2. 1/5 的人相信自己团队和企业的目标，并为之鼓舞。

3. 1/5 的人在自己的工作任务与团队及企业目标之间有着明确的思路。

4. 只有 15% 的人认为自己所在单位赋予了他们全部权限来达成他们最重要的目标。

5. 只有 20% 的人对自己所在企业持完全信任态度。

这种状况所产生的影响到底有多么强烈，不妨稍作猜想，让这个答案真正明确起来的则是史蒂芬·柯维在他《第八个习惯》(The

8th Habit）一书中通过一个我们非常熟悉的场景进行的类比，他是这样阐述的。

如果一个足球队在问询调查中交出了统一的结果，那么就意味着：

1. 在 11 名球员中只有 4 名上场时知道自家的球门在哪。

2. 11 个人中只有 2 个人会关心这个问题。

3. 11 个人中只有 2 个人知道自己踢哪个位置、在这个位置上又具体要干些什么。

4. 除 2 个人之外的所有球员可能在用这样或那样的方式和自己的球队对着干，而不是在和对手竞争（见图 12-1）。

图 12-1　绝望的足球运动员

在大数据与讲故事的张力场中新出现的一个挑战就是：怎样从泛滥的信息中取其精华并加以呈现，从而促进理解、带动情感并激发行动。正如在本章开篇的事例展示的那样，战胜这一挑战并非没有可能。不过，在利用自己拥有的知识来讲述故事方面，研究者、记者以及越来越多的企业仍然有着种种问题。

美国最知名的数据研究者之一托马斯·H. 达文波特在他《工

作中的大数据》（*Big Data at Work*）以及《计算分析》（*Competing on Analytics*）两本书中极力宣扬数据式讲故事。这位 IT 和管理学教授为这一形式之所以重要给出了五个理由。

数据故事能传播认知

故事从来都是人类用来交流和传播经验的一个最为有效的手段。包含了数据和分析的故事可以说才刚刚发展起来。叙述故事帮助我们让复杂的世界变简单；故事给出了上下文，提供了见解以及诠释——所有这些也赋予数据意义，并让分析变得更有意思、更加重要。

数据故事能引发行动

数据分析的目标通常是对即将做出的决断或采取的行动产生影响。事实的力量应该被很好地用来说服、鼓舞他人，用来建立信任并促进改变。正如您已经看到的那样，故事就是个人行动的一场彩排。不管数据池有多么惊人也不管其评估的质量有多高，只有能够被目标群理解，它才能发挥激励作用，从而导向相应的后续动作。

个人观点与数据相结合能带来最佳效果

即便大多数人并不理解数据分析的微妙之处，但在很多情况下人们仍然希望能看到数字提供的证明，而故事通常是由非常个人的轶事和经历构成的。在我们这个时代，最有效的故事就是把数据与真人或真实组织的观点结合起来的产物。

数据故事能在复杂的情况下切中要害

数据的准备工作大多是非常耗时的，但其实需要用到的只是一个简明扼要的概览。想要调用现有目标群体的所有细节，这就会导致为弄清楚评估的核心而耗费不必要的时间和精力，而故事为此提供了一个解决办法。

数据剧情在统计数据的海洋中指明航向

我们已经看到，在叙事当中有不同的剧情类型，而对于数据故事来说也同样如此。如果能有更多的数据研究者学会运用标准化的情节类型，公众就会更容易理清各种视觉故事或数据故事的头绪，从而就能更迅速地从这些故事中过滤出见解认知。举例来说，如果我们对一个传统型故事很快就搞清楚这是一部喜剧，那么我们就能更轻松地将各个人物、标志和行动进行归纳分类。达文波特还额外论证了这一点，他通过一项分类从叙事角度对大多数数据评估进行了整理。

数据故事类型

讲故事是用来把分析型内容传播给非分析型公众的一个重要手段。但仅仅依靠这一认知是给不了分析员太多帮助的。很多在分析方面有天赋的人不一定也是最声情并茂的故事讲述者，正因如此，他们需要借助一些有效的辅助工具，对于企业中实际负责传播的人员来说也是如此。数据可以讲述不同的故事，如果能清楚知道要用数据讲什么样的故事，那么成功的机会就会较大。

达文波特的十种故事类型

达文波特认为共有四个基本维度会影响到哪种故事类型适用于什么样的数据。

报告

在时间维度中，分析性故事可以是过去的、现在的和将来的，不过数据通常都聚焦于过去，它们根据所描述的分析给出一份报告（reporting），总结在过去一周、一个月、一个季度或者一年发生的情况。大多数的视觉叙事属于这一类别。它们不一定是最有价值的故事，却传递了来自过去的经验，这就可能会很有帮助。

说明式调查（explanatory survey）

关于现在的故事在很多情况下都包含了问卷调查，也就是针对人们目前在做的事情进行评估。除了直接的问询之外，还有不同的统计模式可以帮助我们理解影响因素。

预测

时间维度的最后一个类别就是关于未来的数据情节：预测（prediction）将要到来的情况，这建立在预测分析的基础之上。因为未来的数据本身就极其少见，所以就需要以过去的数字作为基石，借助统计模式为将来的情况勾勒出一幅画面。消费者在接下去的几年里会去哪里购物？X 事件或者 Y 事件发生的可能性有多大？经济形势将会发生什么样的变化？虽然假设建立在"未来将在一定程度上以和过去相似的趋势前进"的基础上，但假设情况出现的可能性有多大是可以在一定程度上预测出来的。

"是什么"型故事

"是什么"（What）型故事和接下来的两种故事类型所涉及的都是我们重点关注的主题。它们与报告非常相似，记录的内容是出现了什么问题以及发生过什么事件。

"为什么"型故事

"为什么"（Why）型故事着眼于引发了问题的基本事实。

"怎样"型故事

从"是什么"和"为什么"故事中得到的认知又将在"怎样"

(how to address the issue）情节中针对如何解决问题进行评估。一个真正完整的故事包括这三个方面。

犯罪现场调查

分析型故事在问题的埋藏深度方面也是各不相同的。有的评估就像犯罪现场调查（CSI）那样把注意力集中在较能一目了然的短期调查中，其目的是要找出事情不够理想的原因。达文波特以Expedia作为例子：调查方想要弄清楚，为什么每当被问到居住地邮政编码时，一部分爱尔兰用户就会中断网上交易，经过调查发现，在爱尔兰的一些非常偏远的地区根本就没有邮编。在大多数情况下，调查都可以在较短的时间内排除问题。

"找到了"故事

达文波特也提到了"找到了"（Eureka）故事，这是上一类型的另一个表现形式。这一类故事的基础是针对某个非常复杂的问题而长时间地寻找解决办法。这样的寻找大多会出现不少问题，比如错误的开端、应用了不统一的分析方法、预算高昂以及极其耗时等。要克服所有这些困难达成目标，关键就在于能否得到利益相关者的支持。

相关关系

根据分析方法的不同，最后还有一个区别，在故事中是否有两个或者多个变量在同时上下波动，即是否存在相关关系（correlation）。

因果关系

如果涉及的是一个因果关系（causation）的故事，人们想通过它来显示一个变量对另一个变量有怎样的影响，那么就是在讨论因果关系。如果把相关关系和因果关系搞混淆，那做出来的故事往往就特别糟糕（见图 12 - 2）。

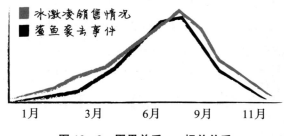

图 12 - 2　因果关系 vs. 相关关系

数据故事的这十种类别之间不一定就相互排斥，也不是说除了它们之外再也没有其他的类型，但它们是绝大多数数据分析的最重要类别。

思考题

1. 您可以调用或获取哪些数据？

2. 是否有一个时间层面可供您用数据讲故事？

3. 您会选择哪一个中心主题：什么事、为什么以及/或者怎样？

4. 数据之间是相关关系还是因果关系，这一关系对您的故事又有着怎样的影响？

琼斯的七个故事类型

软件公司 Tableau Public 的产品营销经理本·琼斯是数据视觉化专家，他对故事的分类提出了另一套建议，把数据故事划分为七类（见图 12 - 3）。

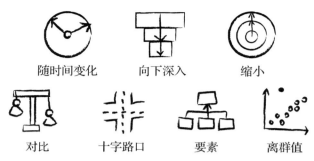

图 12 - 3 本·琼斯的七种故事类型

随时间变化

随时间变化（change over time）遵循的是达文波特的时间维度，但是不一定局限于过去、现在或将来。在这个数据情节中主要可以研究的是转变这一主题，从旧世界到新的途径、可能的原因、转折点以及对故事结尾的预测。

向下深入

在向下深入（drill down）型故事中，我们将像侦探那样不断深入地钻入细节之中，如同在一场探索中寻找真相。

缩小

缩小（zoom out）与向下深入相反，方向是从特定走向普遍，从而对全景有一个了解。从全球或者更高级别的角度出发，我们就能更好地整理归类细节信息，更好地了解小变化会对整体造成什么样的影响。

对比

对比（contrast）这个类型是直接聚焦于两个或多个主人公之间的比较。一个非常受欢迎的方式就是排行，它也可以通过视觉化进行表述从而让人更容易看清其中的对比。不过对比不一定非得针对敌对竞争双方。顾名思义，对比主要是为故事的初始状态建立起差异而不是罗列共同点。

十字路口

十字路口（intersection）剧本的建立基础是：两个或多个来自不同方向的主人公在某个特定地点相遇（在相遇之后通常又继续走向各自的方向）。

要素

要素（faktoren）能将多个共同拥有较大因果效应的情节线汇集到一起。

离群值

离群值（outlier）（或者说是特例）提供了一个极好的选择，让迥异于他人的主人公讲述富有悬念的故事。很多统计中喜欢清除这种异常值，但故事讲述人可以从中得到好机会来讲述相当特别的内容。

思考题

1. 您能否借助数据按时间顺序讲述故事？
2. 您的统计有多详细？您能否在相应的点上进行缩放？
3. 是否存在具有悬念的转折点（十字路口）改变故事的进程？
4. 对于特定的发展各有什么样的原因和因素？
5. 离群值能够讲述什么样的故事？

通过信息图用手指了解大洋深度

《问题的深度》(The Depth of the Problem）是《华盛顿邮报》

对 2014 年 3 月 8 日的"马航 370 事件"制作的一份极为出色又简单易懂的信息图。

当澳大利亚轮船"海洋领域"号认为接收到了太平洋深处的黑匣子信号时，受委托进行调查的一方宣布：已经搜查到了正确的区域，只需要几天就可以找到失踪的飞机。但直到飞机失事 508 天之后，人们才偶然在留尼汪岛上发现了第一块飞机残片。

《华盛顿邮报》通过《问题的深度》以十分透彻的方式说明了此前做出的"不日将找到飞机"的承诺是无法兑现的，哪怕搜寻的位置是正确的。在这个位置的海洋深度约为 4 500 米，而大多数人对这个深度只有一个模糊的设想，因此，《华盛顿邮报》创建了一个信息图，从视觉以及触觉两个方面将公众带入一趟深海之旅（见图 12-4）。信息图的出发点是海平面，那里可以看到"海洋之盾"号支援船。通过向下滚动可以进入海洋，在这个过程中可以通过和著名建筑物的对比了解自己已经潜入海面下多深。于是用户们可以发现，即使下沉深度已经达到全球最高建筑迪拜的哈利法塔的高度，仍然远远没能触到海底。

也就是说，还要继续用鼠标或通过手机屏幕深入海洋。从这一深度开始就再也没有可以用来做比较的人造物体了，于是需要借助其他元素。在 1 000 米的地方我们了解到，这是抹香鲸所能下潜的极限深度。在 3 000 米时，我们就到达了居维叶突吻鲸的极限下潜深度，它是能够下潜得最深的哺乳动物。随着不断下拉，在 3 810 米时到达了泰坦尼克号沉没的地方，而这艘船的搜寻工作长达 73 年。最后，用户达到了海底，据说黑匣子的信号就是从这里发出的。

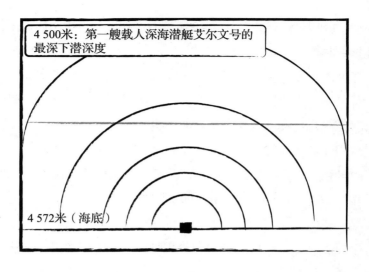

图 12 - 4　《问题的深度》

这一份信息图篇幅非常长，不管是在本书中还是在其他地方都难以刊印出来，显然刊印也并非制图的本意，因为通过漫长的下拉以及不断出现的图像——有的时候甚至什么图像也看不到——已经让公众切身体会到了信息图想要传达的讯息。这样大家就可以理解，为什么定位失事飞机是这么困难，更不用提打捞了。

数据怎样讲故事

很多数据分析员、研究者还有热衷于 Excel 和 PPT 的市场负责人都有一个很大的缺点：他们尽可能地想要通过复杂的、密集的结果来证明他们的专业能力。怎样将数据的评估和视觉化融入故事时代，这个问题的重点并不是要将学到的所有模式——比如条形图、饼状图或折线图——全部搬出来，这里的目标应该和其他形式的故事一样，就是要让公众理解内容并且在情感上予以接受，从而想要和故事进行互动并受到鼓舞而采取行动。但复杂的数据往往带来相反的效果。

与此同时，数据也创造了极好的机会将公众带上旅程，将他们带离已知信息的普通世界，进入神秘与新知，为他们打开新的视野。公众面对的不是自上而下的教学式讲授，而是通过互动式的下拉或缩放图像等方式像侦探那样亲身去了解数据世界，从而更加深入地参与到所发生的事件当中。就像在足球队的例子中讨论过的那样，通过比喻和模拟可以将新的认知和已有的经验结合起来，从而更简单方便地进行归纳整理。

针对数据也可以运用重要的叙事机制，举例如下。

每一项评估都各有起始、中间和结尾三个部分。起始部分为数据所涉及的上下文奠定基础：一项预测的假设是什么？我们为什么偏偏要查看这一项回溯？中间部分则是探知之旅：冲突是在哪里出现的？哪一项认知可能对公众的生活产生直接影响？篇末以结论结束全文：刚才所展示的内容和章节会带来什么样的影响？其中所包含的讯息是什么？从故事中可以得出什么样的观点？如果在信息准备过程中就已经着眼于结尾，这将有助于避免数据散漫混乱、确保其意义明确。

思考题

1. 您希望受众采取什么样的行动作为对评估的回应？
2. 受众必须先了解哪些信息才会采取您希望的行动？
3. 他们应该产生什么样的感受？

为达到这一目的，必须更细致地了解自己的受众。要制作出详实的内容就需要知道各个目标群体的知识水平是什么样的：新手是第一次接触到该主题；通才对该主题有一个粗略的了解，但所知并不详尽；管理者需要可操作的、能够深入的观点，并且希望能理解其中的关联；专家则在寻找最微小的细节——该主题提供的东西不同于他们已掌握的知识。

思考题

1. 公众对某主题已经有了哪些了解？
2. 公众对这一主题可能有哪些错误的假设？
3. 怎样才能让公众感到意外？

要了解目标群对内容的看法或内容对他们日常生活的意义，也可以通过提问来代替抽象的主题。例如，卫生系统状况图可以用这样的话题或标题开场："我们服用的药物能否越来越多？"

如果夜里三点地震

"借助对个人的睡眠、运动和饮食习惯的了解，Jawbone 的 UP ©系统为用户步入积极、健康的人生提供了支持。"

这家可穿戴设备制造商为用户提供仪器来记录个人的日常健康数据，它扮演了船长和治疗师，其主要目标是帮助人们走向完美和圆满。相应地，这家加利福尼亚的企业所讲述的故事想让公众看到：饮食、睡眠和运动对我们的健康有着重要影响，而这三个支柱又会受到外部因素的影响（议程设置/呼唤冒险）。在第二步中，该公司以朋友和特殊助力的身份为人们提供了解决办法，帮助人们寻求更加健康的生活（任务）或依靠自己对抗有害健康的因素（恶魔）。

因为 Jawbone 的产品是建立在数据基础上的，可想而知，公司正是利用数据在讲故事。这些故事首先是通过它们的时效意义而引发关注，因为故事往往涉及的是当前事件，比如世界杯足球赛、情人节、超级碗比赛或者一次小地震等。这些主题大多会连续数日成为媒体的热门话题，着重放在日常小话题上。

比如，情人节过后，团队评估了上万名用户记录下来的当天饮食，并将分析结果包装成一个描述浪漫晚餐过程的故事发表在公司博客上。公司通过讲故事对数据进行了诠释，以更好地嵌入上下文中：

"请想象一下，你正坐在一家时尚的餐厅里：桌子上燃着蜡烛，花瓶里插着一朵玫瑰，穿着时髦的你此刻正看着你的另一半。首先要点的是饮料。

"UP 社群偏爱葡萄酒。在情人节当天，社群所记录的葡萄酒增加了 124%，香槟或气泡酒的记录上涨 529%。接下来，你心情放松了一些，开始用主菜了。

"在 UP 社群的情人节记录中，牛排增加了 55%，而牡蛎多了 142%。哈，催情药。

"在女士们这边，食用的大蒜减少 3%，这明显指向了饭后的亲吻。而男士们多吃了 37% 的大蒜。厉害啊，男孩们。

"在《小姐与流浪汉》的影迷中：选择意大利粉的男士增加 20%，女士则减少 4%。

"统计数据表明，在这个爱情的节日里也有人选择了简单舒心。UP 社群情人节当天记录的比萨增加 71％，啤酒增加 60％。这些恋人都是真爱啊。

"情人节的最大风潮是什么呢？是甜点。80％的 UP 用户选择了蛋糕，比平时增加了 377％。巧克力在这一天当然也是不可或缺的，男士的记录比平时增加了 25％，女士则增加 39％。"

2014 年 9 月 7 日①，加利福尼亚发生了 6.0 级地震，是该地区 25 年以来最大的地震，事后 Jawbone 评估了震区用户的睡眠数据（见图 12 - 5）。这些数据虽然并没有太出人意料的内容——离震中最近的人醒来的次数更频繁，重新入睡所需的时间也更长，但它的新闻价值仍然很高，因为在此之前还从来没有人把这样的数据视效化过。另外，各个地区用户还呈现出一定的社群特征，因为同一地区的人大概都有着同样的担忧。

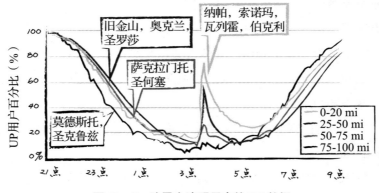

图 12 - 5 地震中清醒用户的 UP 数据

---

① 原文如此，疑有误。

在评估的结束语中，Jawbone 体现了它作为导师这一角色的意识。

"我们祝愿所有遭遇地震的湾区人能迅速恢复并睡个好觉。"

数字式的大团圆结局

2014 年对于众筹平台 Kickstarter 来说是颇为艰辛的一年，虽然营业额相当高。媒体越来越频繁地报道：有的项目虽然在用户的支持下实现了财政目标，却始终无法交付，很多出资者空手而归。随着越来越多的项目出现在 Kickstarter 上，没能成功的——也就是没得到资金的——项目数量自然也在增长。作为故事的主人公，Kickstarter 在两方面都出现了信任问题。

为了向两方面的人表示平台运转良好并且已经实现了很多众筹项目，Kickstarter 的数据专家们定期把成功故事汇集起来，他们甚至在公司博客上为数据故事专门开了一个目录——这么做的企业为数并不多。这种对成功故事的回溯有一大优势：将企业报告的风格掌握在自己手里，从而能把 Kickstarter 平台上的成功项目以及无数资助者的共同努力结果进行宣传，同时，人们还可以通过回顾成功故事为将来创立自己的项目积累经验。

比如，在登录页"2014：用数字说话"上可以了解到哪些类别最受欢迎、各个国家有多少资助者带来了多少预算、平台的活动量在哪一天的什么时候最高、社区的哪些项目最为成功等。

讲故事的数据可视化处理基础

数据专家米丽安·吉尔伯特在《数据故事》一书中总结了一些

技巧来有效帮助数据转化成直观的图形，而借助这些图形可以讲述企业故事或为故事提供支持（见图 12‐6）。

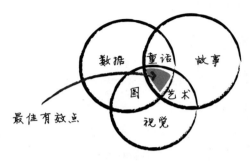

图 12‐6　《数据故事》的最佳有效点

● 不属于讯息的视觉信息应该删除掉。这并不是指要去掉那些可能会与想要传达的消息相违背的数据，而主要是将多余的视觉细节剔除，比如 3D 效果、网格线等（见图 12‐7）。

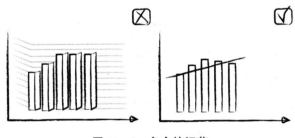

图 12‐7　多余的细节

● 图像上的区别将被诠释为数据间的区别。因此，应该有意识地运用颜色等元素，目的是标识区别，而不在于将所有组成部分都彩色化（见图 12‐8）。

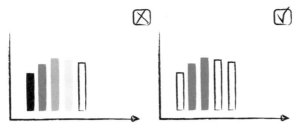

图 12-8　用图形显示差别

● 两个数据之间的图像差别应该与实际差别成比例。特别是当同一坐标图里的两个轴不在 0 点相汇时，就会造成严重失真（见图 12-9）。

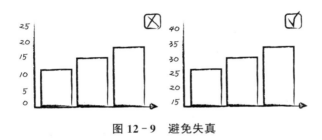

图 12-9　避免失真

● 两个数值在图像上发生交汇就意味着这两个数据点之间存在着直接关联。如果没有直接联系，那么最好采用条形图（见图 12-10）。

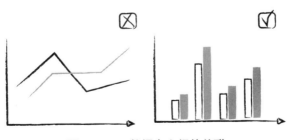

图 12-10　数据点之间的关联

● 可以通过突出强调特定的某个点来吸引观众的注意力（见图 12 - 11）。

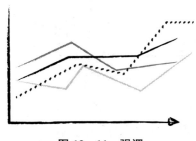

图 12 - 11　强调

● 有的视觉化处理方式比较受欢迎，但单凭这个理由并不能说明它们永远是有用的。很多人常常忘记：饼图并不适用于答案为多选的民意调查，因为这种图案形式本身就表示结果始终为 100%。所要体现的类别超过四个时，饼图就很容易变得混乱不明（见图 12 - 12）。

图 12 - 12　饼图

另外，大多数人也不善于估计角度。这就意味着公众在很多情况下其实都会直接去看圆形图的数字，这就让视觉处理变得多余了——至少在这种形式下。

● 如果在同一空间的视觉信息过多，就会削弱单个元素的说明力度。很多人都会犯这样的错误：他们认识不到空白的意义，而总是想要填满所有空白的地方。然而，有意识地留白能把注意力引向真正重要的东西，从而能更清楚地传播讯息（见图 12 - 13）。

图 12 - 13　留白的意义

引用事例

《华盛顿邮报》关于马航事件的文章《问题的深度》：https://www. washingtonpost. com/apps/g/page/world/the-depth-of-the-problem/931/.

Jawbone UP 的情人节评估：https://jawbone. com/blog/valentines-day/.

Jawbone UP 地震评估：https://jawbone. com/blog/napa-earthquake-effect-on-sleep/.

Kickstarter《2014：用数字说话》：https://www. kickstarter. com/year/2014/data?ref＝yir2014.

第三篇

讲故事还有哪些理由

第 13 章

技术和 B2B 主题的叙事

全球最大的集装箱海运公司马士基（Maersk）和知名度最高的饮用水品牌依云之间有着什么样的共同点？当然，两者如果没有水这个要素的话都将无法生存。但在这本书里所要讨论的是差异极大的这两家企业之间的另一共同点：两者都通过讲故事在 Facebook 上赢得了百万以上的粉丝。饮用水是全人类都关心的主题，因此，依云的粉丝人数极多不足为奇，但为什么一个船运公司也能吸引这么多公众的关注呢，而终端消费者通常都不会与之有接触。其中的一个原因当然是马士基集团在讲故事上采取了大量正确的方法。它为很多认为自己的产品并不适合讲故事的企业树立了一个榜样。即使是技术性很强的主题或者是 B2B 企业，都是可以通过讲故事高度地吸引广大公众的。

我们稍微看一看集装箱船运这一看似毫不吸引人的主题是怎样

借助讲故事焕发生机的。登上网页 maersk.com，首先看到的是大船里的"Enable Trade"（促进贸易），马士基将这个大写的词作为企业目标摆在了首要位置，解释了企业的"为什么"。从这几个词已然可以看出这家丹麦企业是作为什么角色踏上英雄旅程的，它是"Enabler"（促进者），也就是导师。为了搞清楚谁才是主人公，我点击了标签上的"Industries"，然后看到了这样一段话：

"如果没有全球运输和能源行业，您将无法使用现在的电子设备浏览本网页，您脚上也不会有鞋子，开车也没有油。随着全球经济的发展，对高水平贸易的需求也在增长，对新能源更甚。马士基集团在这两个行业中不断努力突破界限、提供创新性解决办法，这不仅能帮助我们的企业前进，对整个行业而言也是如此。"

一家船运公司在自己的网页上说出这么一番话，让读者从第一个句子起就产生认同感，并且了解到企业在复杂的经济循环中的重要意义。第二个句子说出了主人公当前所面临的挑战：贸易必须应对越来越高的运输量，而能源行业必须为不断增长的需求找到解决办法。主人公的需求是整体性（全球角度）和完美（解决办法）。马士基的导师角色在这个过程中就是建筑师与船长的结合（见图 13 - 1）。

图 13 - 1　马士基的船长

页面上继续写道："在马士基，我们关注的并不是我们在做什么，而是我们怎么去做。"

持续的关怀、谦逊简朴、坦率真诚，我们的员工，我们的名字——这五个决定了企业文化的价值不仅得到了详细描述，而且通过企业创始人的语录以及来自企业各个层面的各种故事进行了诠释，有力说明了为什么是这五个价值、它们是从哪里来的又是怎样体现的。这在商务网络领英（LinkedIn）上赢得了 130 000 人的认同，这些人都关注了公司在领英上的页面。

马士基的网页是企业跨媒体的出发口，在那里还可以浏览关于企业故事和数据的互动式图表。

另外，公司还开办了一份月刊——既有印刷版也提供网上电子版。这份杂志包含了从员工到客户的所有讲话中的价值和观点，杂志内容借助至少 9 个社交媒体频道进行传播。从视觉语言来看，中心点通常是一艘满载货物的船只航行在广阔的大洋上（见图 13 - 2）。不管如何，这个画面吸引了 44 000 的 Instagram 订阅量。

图 13 - 2　马士基图像主题

那么对于一个在全球可能只有 150 家购买者的产品，讲故事是否值得呢？对于这个问题也有企业给出了很有启发性的回答：当德国建筑机械制造商利勃海尔（liebherr）把售价为 200 万欧元的专用地下工程设备投放市场时也同样以讲故事为基石。因为目标群体非常特殊，所以公司将故事的中心点放在了最容易被找到也最方便对话的地方。围绕这台机器的故事并不是以企业文章的形式或通过声情并茂的联络邮件在商务网络领英上进行传播的。早在美国建筑博览会 Conexpo 开始之前，这台"LB44"型机器就拥有了自己独立的形象，它在领英上建立了账号，还取了一个很贴切的名字"扭力先生"，并且出具了职业、出生、履历、单位证明、语言技能、推荐等各类信息（见图 13 - 3）。

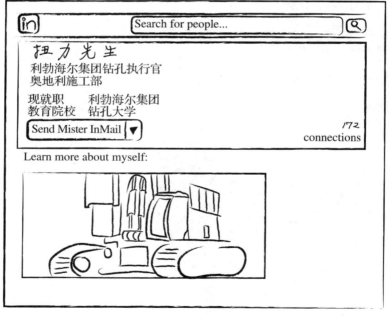

图 13 - 3　扭力先生的领英个人资料

这个名字本身就省掉了不少解释的必要，因为它已经把自己最重要的一个能力嵌入其中。另外，通过主题标签"扭力先生"还提前传播了各种短视频，视频中展示了机器的细节并且很有趣味性，讲解了机器的具体用途。正式启动时，利勃海尔首先在自己的 Facebook 页面上传了一个详尽的介绍视频，通过"Huge. Strong. Powerful. Solid. Mobile. Time to Face Mr. Torque！"的宣告引入了主题标签以及领英个人资料。这个视频被分享将近 7 000 次。公司凭借这一次宣传就在领英上有了 170 个联系人，其中包括一个参加 Conexpo 的邀请。在 20 位买家当中，有三家公司是直接通过领英与扭力先生建立联络的，而这三位联系人带来了 600 万欧元的价值。

不管是在通用电气（GE）、博世、利勃海尔还是在马士基，没有哪个主题会因为太过深奥或太没有吸引力而无法运用讲故事。有一则广告叫作"童真想象力——我妈妈在 GE 的工作"（Childlike Imagination—What my mom does at GE），它和多芬的《真美素描》广告一样讨论了视觉价值。哪怕人们会怀疑装在薯片袋子里出售的安全套没有什么严肃性和可信度，但配上适合的故事就行得通了。并不是非得拥有一个很有吸引力的产品才能够运用故事手段，应该说是讲故事让一个产品变得更有吸引力。如果 B2B 企业想要找到正确的故事，可以利用上文中提到的所有叙事元素来达到同样的效果。

终极目的始终是人本

当你去买一盒酸奶时并不会接触到产品链上的其他人，但在 B2B 企业或规模非常小的企业里，更多的工作围绕的是买方与卖方、咨询方和客户或服务提供商和委托方之间的人际互动（见图13-4）。

图13-4　人人助人

因此，对于这一类企业来说，能否让客户建立起对员工的信任就有特别重要的意义，恰恰是这一类公司有最多的机会直接在企业日常的人际交往和人际关系上做文章。

您可以借鉴美国物流公司潘世奇（Penske）的做法，它通过一套系列视频讲述了客户的故事，其中包括 Victory 酿酒公司的创建人之一比尔·科瓦列斯基的故事。

"我们有两个亮色的啤酒储藏罐，容量各有1 000桶。每当我站在它们面前、看罐子里的啤酒被输送到装瓶线上，而这些瓶子又会被潘士奇的卡车装车上路，我总是会惊叹：这两个罐子里储存的啤酒竟然比我们1996年建厂头一年里的总酿造量还要多。"

通过讲述员工故事，可以让外部的人从另一个角度了解企业并产生信任。新鲜食品配送企业 Meyer 物流公司也围绕来自位于腓特列斯多夫市公司总部不同部门的人摄制了一个视频，其中有 Meyer 物流的商号部经理马里奥·本泽特。

"我每天会有两个行程。我负责 18 名司机和 8 辆货车。我很喜欢旅游。特别值得一提的是乞力马扎罗山，我们真真正正地成功登上了这座山，靠着顽强的意志和勃勃雄心。其实，我们也应该用这种态度来完成我们每一天的工作。"

不管是货轮、量子计算机还是钻挖机，即便只有少数人会接触到这些产品，但最终的问题还是它们对我们的日常生活会产生什么样的影响。正如马士基所寻求的那样，面向甲公司的乙公司应该能回答这样一个问题：怎样让甲公司的终端客户因为这一项服务或产品间接受益。最终的重点始终都围绕着人与人之间的互动。

用 "简单而有真情实感" 取代 "商务式和流行语"

很多 B2B 企业都认为它们和客户之间有共同语言，而营销负责人在寻找广告代理公司时肯定是不需要翻译的；广告公司（以及其他众多公司）只有能够吸引企业负责人（这些人一般都是通才而非专家），才能吸引将来的员工或是其他利益相关者。专业术语和外来语的优势在于它们能把大量的信息集中在一个词语里，而缺点就是要花费较长时间才能让受众重新解码、弄明白这个词的意思。这些词只能激活大脑中的语言理解区域而不是边缘系统，也不会激发能促成行动的反应、同理心、关注或动机，能激发它们的恰恰是商务交易所要达成的目的（见图 13-5）。

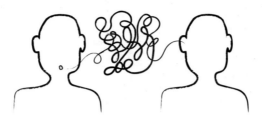

图 13 - 5 避免艰深术语

希斯兄弟齐普和丹在他们《粘住》一书中提到了"知识的诅咒"，战胜这个诅咒，我们才能被理解、被尊重并被记住。两位作者的配方是：简单、意外、具体、可信、情感、故事（Simple、Unexpected、Concrete、Credible、Emotional、Story，SUCCESS）。简单并不是说要像对小孩子那样讲话，主要是将一个想法的核心——"为什么"——尽可能简单易懂地表达清楚。能够留下印象的交流应该是紧凑而深入的。

"美国应该给自己定下这样一个目标：在这一个十年结束之前送一个人上月球，然后将他安全地带回地球"，约翰·F. 肯尼迪于 1961 年 5 月 25 日在他的首场美国国会讲话中这样宣布（见图 13 - 6）。希斯兄弟说，大多数的 CEO 对这一想法的表述却会是这样的："我们的使命是，通过以团队为中心的创新和战略上有的放矢的航空积极性，成为国际航空工业中的领先者。"意思都是相同的，但一个能深入人心，另一个却完全应验了"知识的诅咒"。

为了达到前者的效果，可采用的语言手段主要有比喻和类比。借助已经知道的东西可以将新的理念和思维更迅速地进行归纳。比如，我们可以把柚子形容为有着厚厚软软外皮的大柠檬，不过听者仍然无法了解它是否可以和橙汁一起享用等其他信息。又或者可以

图 13 - 6　肯尼迪的愿景：送人上月球

把它说成是体积更大一点、外皮更厚一点的葡萄柚，通过这个描述，听者甚至可以想象出柚子的味道了。类似的可以像所谓的"Hollywood Pitch"（好莱坞式创意）学习：《生死时速》被推销为"在一辆巴士里上演的《虎胆龙威》"，而《异形》则是"太空船里的《大白鲨》"。

　　有感情的交流并不意味着要把公众弄哭，其主要目的是让公众起码能够参与进来。为了能戴上共情的帽子，必须先将分析的帽子摘下来（见图 13 - 7）。这一点在专业性主题中尤其应当注意。以具体的个人事例作为故事通常要比没有面孔的统计数据更加有效。在一项关于为欧洲儿童捐款的研究调查中曾对比过两个呼吁行动：一个是以统计数据为基础；另一个是以一名十岁儿童的命运为中心。后者当然带来了更多的捐款，但真正让人意外的是：所运用的理性思维越多，捐款就普遍越少，哪怕只是加入一个简单的计算任务。带有感情色彩的叙事把客户的利益摆在中心地位而不是产品的特色。不要去强调种子有多好，"自己将会拥有最美丽的花园"这一类想法更能触动公众，也更能反映他们的个人利益。

图 13 - 7　摘下分析的帽子，戴上共情的帽子

可信并有针对性地占领小众市场

小型的或是非常特殊的企业会时不时问自己：怎样才能用不多的资金吸引大量观众。但在很多情况下问题在于这是否真的有必要。利勃海尔的例子表明：在极端情况下，即使只有一个渠道和一个只有寥寥数百人的目标群也是足以讲述故事的。事实是，如果企业服务的是小众，甚至会让讲故事变得更简单。在很多时候，企业与受众能够建立起个人关系，也能更直接地知道对方有什么样的需求、困难和疑问。

用专业技能和故事占领一个小众市场，对于小型组织来说是让受众倾听自己的一个大好机会。分享知识和经验也意味着让顾客有能力更好地去实现他们的目标。证明企业的专业能力并不只排除了前面提过的几点，最关键的问题往往是：怎样将这些知识呈现出来。正如足球队员问卷调查以及数据视觉处理例子中所显示的那样，讲故事甚至是用来传播知识的一个极佳工具。

说到频道，B2B企业自家媒体——比如企业博客——的功用会大得多。大家买可乐时是不会去可口可乐公司网页的，但服务提供商和供货商却经常会访问中央（线上）入口点以便进行联系。这样一来，有自己博客的B2B企业要比没有的企业平均多产生60％～70％的潜在客户，并且在自己的平台上讲故事恰恰有助于提高专业性主题在搜索引擎中的可见度。

史上第一劈叉

2013年11月13日，YouTube上传了一个极为成功的病毒故事，它展示了B2B叙事不必追求理性化，而是可以在感性、简单的同时也显得可信。这是一条沃尔沃卡车的广告，在没有投入进一步媒体预算的情况下，它以燎原之势传播开来，迄今为止的观看量已经超过8 200万次。广告片时长1分16秒，基本糅合了叙事的所有成功配方（见图13-8）。

在视频中我们看到演员尚格·云顿，身后的背景是夕阳西下。他闭着双眼，而我们可以听到他的声音。

"我经历过跌宕起伏，经历过我应该承受的风雨。这成就了今天的我。我现在站在你面前。"

英雄形象就此树立。即使观众并不是功夫片影迷——我们中的多数人都不是，也仍然会认同这样的话语。直到这个时候，摄像镜

图 13‑8　沃尔沃卡车的《史上第一劈叉》

头拉开，观众则被带进一个新的世界——一个远比一开始所认为的要危险得多的世界。我们可以看见两辆沃尔沃卡车轻松而精准地倒退行驶，而尚格·云顿的两只脚分别搁在这两辆车上。

"你所看见的是一个完美的身体、一双生就用来打破物理规律的腿，还有一种可以掌控史上第一劈叉的心态。"

探险就此宣布。随着恩雅的歌《Who Can Tell》，两辆卡车渐渐驶离彼此，紧张于是节节攀升。云顿的两条腿也慢慢地分开，直到他以 180 度的劈叉姿势在继续行驶的两台车中间稳稳不动。为了让这一景象更显戏剧化，也为了突出英雄形象，镜头用了整整 30 秒时间摇过这个劈叉姿势，几乎是广告总时长的一半。随后，字幕出现：

"本次测试旨在演示沃尔沃动态转向系统的精确性和稳定性。"

这个视频在全球传播开来后，负责视频的广告公司对 2 000 名卡车拥有者进行了民意调查，结果非常惊人：几乎一半的参与者看过这个广告，他们表示，下一次买车时将会优先考虑沃尔沃。受访者中 1/3 的人甚至直接去了沃尔沃经销门店或是登录沃尔沃网页。

思考题 ————

　　1. 您的业务中最能激励人、最有悬念的是什么？

　　2. 您的客户和员工在做什么？让他们难以放下的担忧或目标是什么？

　　3. 您的业务是怎样改变人们的生活或工作方式的？

　　4. 您最好的客户会怎样谈论您或是会对您说些什么？

————

引用事例 ————

　　马士基集团网页：http://www.maersk.com/.

　　利勃海尔"扭力先生"在领英的个人资料：http://www.internetworld.de/onlinemarketing/social-media-marketing/so-verdiente-liebherr-linkedin-millionen-1058666.hml.

　　潘世奇《感动我们的故事》：https://www.youtube.com/watch?v=MH7rf6Kq3Hs.

　　Meyer 物流《新鲜能力》：https://www.youtube.com/watch?v=FCSTm24lr5o.

　　沃尔沃卡车《史上第一劈叉》：https://www.youtube.com/watch?v=M7FIvfx5J10.

第 14 章

雇主品牌

雇主品牌的诞生

创意品牌咨询公司 HEYMANN BRANDT DE GELMINI 总裁雷内·海曼针对德国最早将企业和雇主品牌结合起来的一个故事宣传活动做了这样的描述：

"20 世纪 90 年代末，在赢得柏林城市清洁公司（BSR）对外宣传企划任务的两个月之前，我们拿到了 BSR 用于内部宣传的预算。那个时候还完全没有'雇主品牌'这样的话题。这一概念直到两年之后才在麦肯锡一项调研的基础上随着《人才战争》(*War for Tal-ents*) 一书的出版而被提出。当我们在为 BSR 做创意时，还只是在公告中称之为'内部交流'。事情是关于精益管理和效率计划，也就是激励员工更好也更有效地工作。这次内部交流的本来目的是：让我更好地去和人们交流，而他们因此感觉更有积极性、工作成绩也更佳。

"在我们拿到了对外宣传的广告之后，BSR 方面决定，有了这个《We Care For You》广告就不需要再有另外的内部宣传了，因为广告对内对外均有效。它在民众中产生的积极情绪感染了每一个员工，突然之间人人都很为自己是 BSR 团队的一员而自豪。这次宣传活动制造的吸引力是极大的，该公司直到今天都不需要为招聘新人而发愁，而在此之前则必须为成为垃圾工人找理由，可广告推出11 周之后，进公司当员工就成了大热门：我自豪，我是垃圾工。这次宣传改变了这家企业，因为民众对公司员工以及公司本身的看法都已截然不同。"

这就是雇主品牌在德国的诞生，因为人力资源、雇主品牌和企业品牌第一次合而为一。假如超市对待员工很恶劣或是用监控摄像头去监视他们，这样的事如今就会通过互联网公之于众。如果我们想让雇主品牌变得更有吸引力，那么客户也会知道，会产生或好或坏的看法，无论如何这都会影响到整体感受。通过大众公司的事例可以看明白这一点，该企业自 2015 年底的危机之后一直在雇主品牌方面问题重重，因为其消费者品牌正面临完全丧失信誉的危险。雇主品牌就是企业品牌，反之亦然（见图 14 - 1）。

大多数企业虽然知道必须将自身定位为雇主品牌，但光知道是不够的，关键在于怎样才能让雇主品牌长期持续地情感化，从而让它一直受到员工以及要招揽的人才的重视。人力资源部门没有经常和营销部门、营销管理层对接，总被筒仓思维支配，所以常常只能提出非常片面的解决办法。这样的办法往往只能暂时止痛，却根除不了问题的源头。因此，企业必须摆脱为 B2C、B2B 或 B2E 交流制定单一解决方案的思维，而是要从品牌的 DNS（域名系统）和它的愿景出发。目标是要在不同的市场中触及人们的愿望和需求，也就是综合地去经营 365 天从人到人的综合性交流（H2H）。

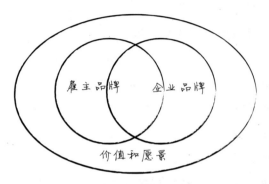

图 14 - 1　企业品牌和雇主品牌

雇主品牌对内并不是只要把员工与企业更紧密地捆绑在一起，更是要不知满足地去吸引应聘者。问题存在于很多方面，比如怎样才能让目前完全没有在找工作的人关注并且参与进来。对那些心里打鼓的人（有可能不满意的人）该怎么办？一年一度的盖洛普研究证明：在企业里，不管是大集团还是中小企业，平均至少有 60% 的人并不满意。这些员工在思维上还没有达到想要换一份工作的程度，但这些人中间的一部分会在某天真的跳槽。为了能了解这些人的意向，关键是要能为他们提供有吸引力的交流机会，在这个过程中提供一个很棒的工作机会就是错误的做法了，因为这些人并没有在找工作。接下去还应该定期采取某种方式去吸引他们，从而激发他们内在的动力。这并不是指推式营销（Push-Marketing），而是把目标放在促成他们自发地访问公司的门户或网页并且会定期地回访，不需要借助付费媒体。因此，企业必须为自己的雇主品牌开发出一个故事，它能够不断地提供新的、重要的交流机会，让公众乐于消费和分享。

价值比工资更重要

一方面，在寻找合格的、有能力的应聘者这个问题上，全球80％的雇主都面临着重重困难；另一方面，58％的大学生甚至愿意为就业而牺牲15％的工资。这两个情况怎么会同时出现？职场新人愿意接受较少工资的前提条件就是：企业所代表的价值与他们自己的相一致。

"创造一个鼓舞人心的世界，在这里，人与人之间的关系最重要"，爱彼迎的招聘页面就是用这样一句话来迎接广大应聘者的，"为什么"这个主题被鲜明地摆到了中心位置。在他们的页面上虽然没有具体的招聘职位，但光靠这一愿景就吸引了有着相似价值的特定目标群，不管是程序员、客服经理还是法律人员。

企业是从哪里来的，它要去向何方、需要闯过什么样的难关，在新的世界里它又扮演着怎样的角色？这些问题以及更多针对品牌故事的问题都并不仅仅对赢取客户有意义，对招聘也同样重要。雇主品牌面临的最大挑战就在于：怎样才能用最好的方式传播企业价值，从而准确地吸引正确的应聘者，同时留住员工。

员工讲故事

　　员工是最重要的主人公，而在展现雇主的诚信以及吸引力方面，他们也是最理想的故事讲述者（见图 14 - 2）。通过他们的视角，可以用对等的姿态向未来的应征者述说。员工故事和理论论据不同，它们能够赋予企业文化和岗位质量（雇主价值主张——Employer Value Proposition）有血有肉的形象。要想让应聘者认同将来的工作岗位，就必须让他们有机会深入了解那些已经在从事类似项目的人员。对于那些作为主人公和讲述者被推到聚光灯下的员工而言，这也体现了公司对他们所担任角色的一种重视，同时也展示了他们的这个角色与其他员工之间的重要区别。

图 14 - 2　员工讲故事

　　可是，如果员工们说企业的坏话又该怎么办？肯定有一些人正是出于这一担忧而对员工故事持犹疑态度。事实却是这样的：第一，公司除了善待员工之外别无选择。诸如 kununu 这一类的雇主评估平台给有意应聘的人提供了了解企业内部真实情况的机会。当社交媒体创造了这样的透明度时，未来的员工——还有客户——几乎是不会受到蒙蔽的。因此，只有在员工的境况和目标显然可信可靠时，雇主品牌才谈得上有意义。如果做到了这一点，就不要惧怕会出现批评性的故事。第二，员工不可能完全不议论自己的企业。但好消息是，他们的议论大多都是很有支持性的。69％的人在对自己的家人和朋友谈论雇主时说的都是好的一面，而 58％的人会向别人推荐自己任职的企业。不过，员工谈论自己工作的方式并不仅限于面对面的交谈，有半数的雇员时不时在社交媒体上上传有关当前雇主的讯息、图片或视频。39％的人坦诚地称赞所在企业或是给出正面评论，而只有 16％的人曾经在网上批评过自己的雇主或是转发过负面评论。

如果积极地将自己的员工捆绑到企业交流中去，那就能进一步加强上述这种好的趋势。另外，讲述员工故事能让员工们更积极，因为这样更能方便他们对外传播自己与企业之间的特有关系。这样一来，品牌的传声筒将更加形式多样、更加真实可信。还有，员工故事更具体、更个人化也更有感情色彩，这都是成功讲述故事的要素。有的雇员还在问自己为什么要把他们的形象借给企业，那么答案就是：员工故事为他们提供了很好的机会来增强个人声誉、促进对话文化，同时也让他们可以为找到自己乐意共事的好同事而贡献力量。

怎样才能在企业里找到最好的故事和最佳的讲述人？第一个起步点就是人力资源部门，因为这个部门与现有员工始终保持着联系，并且知道目前哪些空缺的职位特别重要。另外，这个部门也知道团队中的一些有意思的升职故事，比如从职场菜鸟成长为部门领导人的事例等。当然，领导层在员工故事中也会发声，特别是在讲述企业愿景和历史时，他们能将很多小的见证故事纳入更大的背景之中。管理者和团队领导同样可以从他们的视角去叙述企业是如何体现并传递企业文化的，或是讲述企业出于什么样的意图又在克服了哪些困难之后终于实现了哪些新的员工福利、员工计划等。当然要从更多的层面去研究每一个员工的故事是办不到的。有效的做法是以关键人物为导向，比如在企业里工作最长时间的人、和很多员工或客户有密切联系的人、在企业的多个部门工作过的人、所在团队急需征召新员工的人，或者也可以是在企业中度过了几个月、对这个大整体有着不偏不倚的全新视角的实习生（见图 14 - 3）。

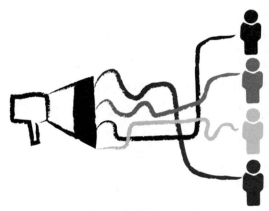

图 14 - 3　一个故事，多种视角

岗位描述中讲故事

除了描述企业价值之外，人力资源部门还面对着这样一个挑战：怎样清楚地说明组织内部的众多角色。招聘中的这些职位背后到底是什么？自己究竟可以选择什么样的道路、为此需要具备哪些才能、对客户而言他们又将扮演什么角色等，对于这些问题职场新人们往往都只有一个模糊的有时甚至是错误的设想。

会计师事务所普华永道（PricewaterhouseCoopers，PwC）仅在德国就拥有 9 300 名员工，它很需要对以上问题做出解释说明，因为大多数的职场新人都将该企业和审计以及税务联系在一起。求职人员通过 PwC 的招聘网页可以先将自己归类，通过以下三个类别可以进入量身定制的招聘信息页面：大学生、有工作经验者和中学生。中学生则会被引向 PwC 的匹配器之一，这里的内容糅合了说明视频、职业匹配以及讲故事：在"决定""隐藏的秘密""重新开始"和"完美结局"四个章节中讲述的是虚构的汽车制造商 Aiolos 与同样虚构的云数据服务商 Cumulis 的合并故事。

通过这场合并所带来的挑战和变化，视频对 PwC 的所有 14 个工作范畴进行了说明，比如除了审计和税务之外还有风险管理、IT 咨询以及人力资源咨询等（见图 14 - 4）。在观看了不到 150 秒的视

图 14 - 4　PwC 职业匹配视频

频单元之后，观众可以在所述领域的兴趣晴雨表中为自己归类。在故事的结尾部分，这个晴雨表将导向一个最终排行，中学生可以在这里看到自己对哪个领域最感兴趣，然后将被相应地引向关于这个领域的信息。除此之外，12 名 PwC 年轻员工还开了一个职业培训博客，通过个人的视角讲述他们的经历。

雇主品牌故事要在哪里讲

企业要在哪里以及怎样去讲述员工故事和背景故事，这对于企业品牌也同样是一个跨媒体问题。事实表明，建立一个求职页面作为入口点汇集所有其他的频道是很有意义也很专业的。要用到哪些频道，这取决于资源以及怎样才能最好地讲述故事——是通过视频采访、博客文章、照片还是其他方式。

以微软为例，在公司招聘页面上迎接访问者的是这样一句口号"Empower your future"。这句话连接的除了招聘公告之外还有 11 个频道，在这些频道里又可以通过五花八门的主题来了解企业。其中有关于文化多样性主题的信息页面，有面向大学生、有工作经验者和应聘者的求职博客——上面为他们提供了个人看法，有微软新闻和微软故事，在 Facebook、Twitter、领英、YouTube 和 Instagram 上有特别招聘页面，还有 Facebook 页面"微软女性"。不管微软团队在幕后做了什么，都可以通过不同的视角进行跟踪。如果有人觉得是时候换个新工作了并且在这里看了招聘职位，那么就将从所有这些路径上被领回到招聘页面。

1. 您的企业代表着什么？

2. 您的未来走向哪个方向？

3. 在您的企业里工作是怎样一种情形？

4. 什么样的人能够在您的企业里愉快工作？

5. 作为雇主，您的吸引力何在？

6. 您的雇主价值主张是什么？

7. 哪些职业形象和工作范畴让您的企业具有重要性？

8. 什么能鼓舞您的员工？

9. 在公司领导层、团队领导层和员工中间有哪些关键人物是有感召力的证言人？

10. 您可以通过哪些频道接触到人才？

11. 您拥有哪些资源来讲述员工故事？哪些媒体最为合适？

引用事例

PricewaterhouseCoopers "职业匹配器"：http://blog. recrutain-ment. de/2015/10/22/der-pwc-jobmatcher-storytelling-kuesst-jobmatching-und-erklaert-so-einen-komplexen-arbeitgeber/.

微软求职页面：https://careers. microsoft. com.

第 15 章

领导讲故事

在所有高级管理人员中有 83% 的人表示：他们的战略在企业内部没有能够被很好地理解。让我们回想一下足球运动员那个例子，这一说法值得深思。当我们一心忙于对外展现吸引力、通过正确的故事吸引并留住公众时，讲故事在对内的交流中却往往做得非常敷衍。

企业的价值和愿景如果还没有在企业内部被实现并被传播，那么以这两者为基础的故事对客户和新员工就都不会产生太大触动。最终要与客户接触的是员工，可能是服务部、可能是销售部也可能是会计部，而雇主品牌故事也只有在员工故事真实可信的前提下才能让人信服。

抛开客户联络不说，企业领导和管理人员还有一个目标，就是要让自己被听取、被相信、被信赖，而且最终必须把言语付诸行动。所有通过讲故事成功实现客户交流的手段方式都能帮助企业在内部实现团结一致。想要激励员工、领导员工，领导者就必须成为善于讲故事的人。

这并不只涉及最高领导层的讲话、报告或年度会议的光辉瞬间，讲故事可以整合到管理与合作的多个层面中来：关于个别员工做出优异成绩的故事，关于从个人失败中得到的教训，或者是关于共同价值成功实现领导力的时刻。领导者恰恰是必须让自己被听到、被相信，领导团队向前迈进的那一批人。建议、反馈和战略只有能影响公众才能让它们付诸实施。一个好的故事讲述者可以将自己的领导风格提升一个层次。

领导讲故事的机会

保罗·史密斯的《用故事来领导》（*Lead with a Story*）是一本很值得一读的书。作者在书中提出了领导者所面对的 21 个挑战，同时这也是他们能够运用并且应该运用故事的好机会。以下是其中的 13 个。

为未来设定一个愿景

领导者最重要的一个任务就是将团队武装起来以应对未来。愿景就是指南针，应该始终摆在视线之内。但怎样才可以得到一支能让愿景变得有意义并且认同这个愿景的队伍呢？我们可以用什么样的故事来说明愿景的重要性？我们怎样才能鼓舞大众、吸引他们的注意力？史密斯用了这样一个例子：一位女士向不同的人询问对方在做什么：第一个人不耐烦地回答说，自己很明显是在铺石块；第二个人回答说自己在砌一道 10 米高、30 米宽的墙；第三个人则兴奋地说，自己在修建全世界最宏伟的大教堂，同时还安慰另外两个人说，没有人会看见这些凸出来的石头，因为那只是一道内墙，还会继续扩建（见图 15 - 1）。这个故事可以形象地说明：理解了上层目标，就可以更好地做出决定，同时能帮助他人成为更好的团队领导、让大家更重视自己的工作。

图 15 - 1　展现愿景具有重要意义

举例来说，可以通过创建一份来自未来的报纸（而不是整理一份 50 多页的战略企划书），上面将愿景和重要的里程碑作为大标题。或者可以通过典型的日程安排模式来描画愿景在企业中各个工作范围里将会是什么样的——而不是画一幅理论性质的未来场景。这样一来，员工们就能够非常具体地设想出愿景会对他们的个人工作环境产生什么样的影响。

对此，史密斯给出的建议是：向其他面临类似挑战的企业学习。作为员工，你为什么要为一场旷日持久的创新或研究过程出力出汗，而自己根本无法亲身享受这个过程创造的结果？针对这样的情况可以参见诺基亚等公司的企业历史，深远影响这个企业的是主动的创新而不是反应式的改变，所以它成功实现了从纸张制造商到移动电话制造商的飞跃。

接受建议

在 1961—1982 年之间宝洁公司有一个颠扑不破的公式：一次性尿片的销售额越高，盈利也就越大。但从 1982 年开始，销售和利润之间再也没有了关联。为什么会这样？保罗·史密斯没有给自己的员工开一堂提要式的讲课，而是在一场讨论中要求他的团队去寻找原因。团队一步一步地得出了结论：从 1982 年开始出现了完全的市场渗透，所有母亲都毅然用一次性尿片代替了布料尿片。因为这个结论是员工自己得出的，所以他们接二连三地提出各种解决办法并积极地付诸行动（见图 15 - 2）。

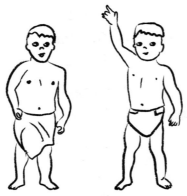

图 15 - 2　尿布销售量竞猜

在讲故事中省略信息就可以制造悬念，让受众参与进来充当侦探，他们不仅仅是完成填空任务，更会在这个基础上提出建议。那么我们怎样才能将认知和新措施合理地进行传播，从而让员工们像加入一场探险那样参与到旅程中来呢？

另外还有一个讲故事的手段可以把注意力集中到新的解决途径上来，那就是出其不意。在商务生活中，特别是在企业内部的流程中，有很多设想和看法都随着时间而被看成是不言而喻的。

思考题

是否出现过这样的情形：问题的原因恰恰是从前的设想和看法已经不合时宜了？

能触发"啊哈效应"的是：通过虚张声势先将受众引导到错误的——也就是以从前的设想为基础的——路途上去，再面对相应的结局。

定义什么是成功的客户服务

时尚连锁公司诺德斯特龙（Nordstrom）以传奇式的优质客服而出名，它的员工曾经为顾客从竞争对手那里买来的商品做了精美包装，曾经接受过顾客退回的但根本不是在本公司购买的商品，有员工曾经给一位耳聋女顾客的丈夫打电话询问她的尺码（同时说服了他为妻子安排一次浪漫晚餐），还有员工曾经从对面的商场临时买来本店已经售罄的名牌裤子并以大甩卖的折扣价卖给了几乎绝望的女顾客（见图 15-3）。这些员工的积极性到底是从哪里来的？千方百计地让顾客开心，他们是怎么做到这种程度的？

DO WHATEVER IT TAKES TO TAKE CARE OF THE CUSTOMER.
JOHN W. NORSDTROM, 1901

图 15-3 诺德斯特龙

诺德斯特龙非常正式地在企业内部传播所有这些故事，甚至给了它们一个专属名字"heroics"（英雄事迹）。

"当诺德斯特龙鼓励员工在看到自己的同事为客人提供了出色的服务时写下这些故事然后提供给店长，店长会相应地对这些同事予以公开表扬。最好的故事将通过大量的内部交流尽可能广泛地被分享——口头式的、数字式的抑或是打印出来。"

事迹特别多和特别出众的员工还被公开评为客服全明星。

思考题

1. 什么样的故事可以让您的员工知道在客户服务中有哪些标准？
2. 您怎样去收集企业内部的轶事和事例？
3. 哪些频道可以最理想地分享这些故事？

定义企业文化

"企业文化由企业的成员决定，并通过他们所讲述的故事得以证明。"

很多企业家说自己的员工是他们最重要的资产。但怎样具体地去表述这一观点、怎样才能让它在交流中显得可信呢？答案是：通过能确切证明这一观点的故事。在过去，企业为帮助陷入困境的员工做过什么？上级领导、CEO 是否也遵守了游戏规则？在《建立跨文化能力》（*Building Cross-Cultural Competence*）一书中，作者查尔斯·汉普登·特纳和冯斯·特罗潘纳比较了两种情况，从而可以很清楚地看到企业内部流传的相关轶事是怎样加强或损毁企业文化的。

第一个故事说的是查尔斯·雷弗森，化妆品公司露华浓的创始人。他坚持让每一个员工每天来上班时在前台的一本日志里进行登记。一位新来的前台女士第一天上班时看到有一名男士拿走了这本日志，于是告诉对方这本册子不允许带走，而这名男士，也就是雷弗森本人，当场解雇了她。另一个例子是关于汤姆·沃森的，他到1956 年为止一直是 IBM 的董事长。有一次一位保安窗口的年轻女士当着几个经理的面拒绝他进入公司大楼，因为他没有戴安全徽章。一个经理厉声训斥女保安员，问她知不知道面前站的是谁。沃森却说她做得对，并委派他人去取自己的徽章，并保证自己将遵守自己定下的规则（见图 15 - 4）。

图 15 - 4　作为企业文化榜样的董事长们

这一类的故事和事例在所有企业中都会以这样或那样的形式流传，因此，对于领导故事来说尤其重要的一点就是：积极地收集那些恰恰能体现企业文化的轶事，并在企业内部进行存档和传播。

树立价值

"如果得不到遵守，企业价值只不过是写在纸上的字句而已。"价值是企业品牌和雇主品牌中最重要的一个环节，它让所有当事人团结在一起并深深影响着由客户、员工和企业领导组成的社群。在企业文化中，一张列出各个价值的表单却仅仅是理论，除非这些价值在企业中能得到体现。诸如正直、可持续性、公平公正、独一无二、自由或乐观等价值在各个企业中具体有着什么样的意义，要说明这个问题，与其列出要点，不如借助故事的形式用具体的事例予以说明。

因此，企业应该找出具体的轶事，加工并传播它们，用它们来演示企业所定义的价值。领导者还可以一周又一周地求证和讲述自己工作中以及在和同事协作过程中出现的新事例。如果觉得很难找到这样的故事，那么可以看一看保罗·史密斯的几个很细致的论证。

思考题 ———————————————————

在您的企业中，企业领导、经理或是其他人碰到以下问题时是什么样的情形：

- 必须做出一个极其艰难的决定？
- 做出了承诺却没有兑现？
- 不得不借助企业手册来决定哪一条是正确的道路？

- 在做决策时必须求助人力资源部门或是风纪管理员？
- 被他人请求去做一些让自己感到不舒服的事？
- 所作所为足以让企业创始人骄傲？
- 曾经面对过两种价值之间的利益冲突？

———————————————

成功地领导企业意味着：企业价值的的确确得到了体现。因此，有佐证作用的、能给听众一个具体方向的日常故事远比罗列出来的、会引发各不相同的诠释的价值清单要有效得多。

携手合作、改善关系

如果有新员工或新领导进入团队，又或者团队因为等级关系、地理上的距离或其他因素而不太有团结一致的感觉，甚至还互相不信任，那么可以借助故事改善这些关系。请设想一下这种情况：当某个领导岗位上来了一名新的管理者，而前任处在了下属地位，那么这两个潜在的对手怎样才能和他们的团队良好合作？

企业故事资深人士伊芙琳·克拉克在一次团队组建研讨会上恰好碰到了这种情况，并借助故事的力量解决了问题。她请所有的参与者讲述了各自的人生故事，要求大家带着孩童般的兴致用杂志来制作拼贴，分别展现过去、现在和将来。这两位经理的故事也就这样进入大家的视野。虽然他们第一眼看上去差异很大，但克拉克很快就断定，两人都有着相同的信仰，都认为家庭是最重要的，并且两人还有很多相同的价值（见图 15-5）。当研讨会开到下午时，两人已经像是多年好友、老同事一般携手合作了。"如果人们能有机会认识到大家都有相似的价值，那么他们就能够建立起更有成效也更和谐的关系。个人故事能帮助大家认识共同的价值。"

图 15-5　通过价值找到共同点

　　管理者想要自己的团队团结一致、想要领导团队加强合作并获得成功，还有一条途径，那就是借助能唤起同理心的故事。想要员工走上领导者所指定的路，需要满足一个基本的前提，那就是信任。想要让别人信任自己，就必须让他们了解自己。这就需要抛弃一种假设，而这种假设在领导圈子里仍然被大多数人奉为信条，那就是"人不可以有缺点"。正如英雄旅程展示过的那样，一个没有恐惧、没有矛盾、没有挑战或者不经历任何失败就完成大冒险的完美主人公是不会被公众热爱的。故事并不是剧本创作，如果我们希望听众（这里就是我们团队）能够对主人公（这里就是管理者）的经历产生共情，并且给予他支持，那么就非常需要一个真实可信的故事，让人能了解主人公经历过的起起伏伏（见图 15-6）。共情在这里并不等于同情。不管一个管理者经历过什么样的低谷，不管这是工作上的还是私人生活中的，讲述的重点始终都是他从中吸取的教训以及对他后来的生活产生了深远影响的、有如催化剂的东西，这就是能让他赢得听众敬意的个人经验，而这种敬意有助于更好地合作。"如果一起共事的人是自己关心的人，那么大家就不会总是看手表。"

图 15 - 6　坦白个人挫折能沟通彼此

　　为了增进合作而采用的故事也可以是职场经验故事。在那些规模较大的企业中，同事之间并不是都相互认识或见过面，大家都是在单独的小团队里做不同的项目，那么集体故事的力量恰恰能在遇到问题时发挥奇效。有一个例子是关于一家管理咨询公司的，该公司通过各个内部交流渠道每月为分布在全球的全体员工组织一次挑战赛：每个月在统一的时间，大家同时为现有客户处理一个具体的问题，然后交流经验。这个问题很有可能已经出现过：在地球另一端的某个同事已经碰到过其他客户的类似情况，又或者是曾经在其他团队中出现过类似的问题。所有人就像开篝火晚会一般围绕同一个挑战主题献计献策，大多数情况下，单凭从前的经验就能汇总出不少解决方案来。这既帮助了碰到问题的同事以及他们的客户，又对那些根据自己的经验提出好建议的同事来说是非常光荣的。

重视多样与包容

"我们看到的所有数据以及我的全部个人经验都向我证实：多元的组织每次都会在思维、创新、进步和表现方面超越同质的组织。成功是通过充分利用我们的多元化而实现的。"——前宝洁公司首席执行官 A. G. 雷富礼

麦肯锡在 2015 年就人种的多样性对 366 家上市公司进行了调查（见图 15 - 7）。结果显示：多样性排在前面 1/4 的公司的盈利额要超过行业平均水平 35％。而男女员工人数平均的企业与只有男性或只有女性员工的企业相比，营业额要高出 41％。

图 15 - 7　工作岗位上的多样性

光是这个经济数据就已经清楚地说明：企业领导应该促进企业的包容性以及团队结构上的男女平衡。同时仍然要重视消除成见以及交流障碍，从而能共同做出决定并实现良好的合作。

讲故事在这样的过程中就是一个很有用的工具。一方面，它有

助于建立起对多样性与包容的重视意识；另一方面，个人的故事也能直观反映出多样化与潜在的或公开的成见之间有着什么样的区别。

为了更好地增进彼此之间的理解，可以像对待能增强合作、增进企业文化一样，去培养同理心、讲述事例并且为此建立一个论坛。

思考题 ——————————————————————————————

1. 女性由于性别原因在自己的职业生涯中有过哪些负面或正面的经历？

2. 男性员工与女性员工在家庭与工作之间的日常情况各是什么样的？

3. 黑皮肤的员工是否面对着种族歧视，如果是，又是怎样的情形？

4. 哪些故事可以体现身体有残疾的员工仍然在某些方面比同伴做得更好？

5. 是否有真实的场景可以体现您的企业是个多元化的企业？

6. 哪些员工的职业生涯可以成为您讲故事的素材？

————————————————————————————————

多元化和包容性能帮助组织更好地理解他们遍布全球、种族各异的客户，并且获得最有才干的员工。文化与性别的多元化可以带来丰富的经验，可有的时候也会造成摩擦，有摩擦就需要揭露出来，从而充分发挥潜能。

应设立护栏，而不是制定僵化的规章制度

人们曾将五只猴子关在一个笼子里，笼子顶上挂着香蕉，还放

了一架梯子可以通到顶棚下方，但只要有一只猴子爬上梯子，整个笼子就会被喷淋冷水。猴子很快就明白了，靠近梯子并不是个好主意，于是就放弃了香蕉。接下来，有一只猴子被替换下来，一个新的同伴加入了猴群。它发现了香蕉和梯子，但当它想要攀上梯子时，另外四只猴子就会阻止它。然后又有猴子被替换下去，这几只在初次尝试时因为被喷淋冷水而不再靠近梯子。然后整个流程继续下去，当最初的那五只猴子已经全都被替换下去后，即使新来的猴子实际上已经不知道为什么不可以靠近梯子，但这个规矩仍然被所有猴子遵守并向新加入者传递下去。

这就是 G. R. 史蒂芬森于 1967 年进行的一项实验（见图 15 - 8）。它通过简单的方式展示了：决定行为的并不是写下来的、宣布出来

图 15 - 8　G. R. 史蒂芬森的实验

的东西，而是奖励和惩罚。没有人会阅读企业的规章制度，即使看了，也很难记住其中的内容。一个关于员工多次从食堂里拿走饭菜而不付钱并因此遭到解雇的故事，会比规章更能说明企业会容忍什么不会容忍什么。比起要求大家遵从告诫、注意不要做会被解雇的事，说一桩轶事不仅能提供一定的娱乐价值，还更容易记住，并且清楚地指明方向，而在一般的普通认知中这就是规则了。重要的一点是：不要只记录负面例子，也要有员工在困境之下做出正确行为而得到奖励的事例。

激励员工

约翰·史蒂芬·阿赫瓦里于 1968 年代表坦桑尼亚参加了墨西哥城奥运会的马拉松比赛。在赛程中，这名运动员严重摔伤，医护人员想要把他带往医院，但阿赫瓦里拒绝了。他流血的伤口裹着绷带，跛着脚最后一个抵达终点，那时已经没有多少观众等候在体育场了（见图 15-9）。有记者问他，为什么在这样的情况下仍然没有终止比赛，他回答说："我的国家不远 5 000 英里把我送到这里，并不是要我开始一场比赛，他们把我送过 5 000 英里是为了让我比完这场赛事。"

这样的故事也能在日常工作中起到鼓舞作用。比如，如果有员工即将换到另一个团队或另一个项目，甚至要完全换个工作，那么大家常常会觉得——这也并非总是没有道理——他们会丧失积极性。那么阿赫瓦里的故事就比理性的论证更有助于为这些员工鼓劲，鼓励他们全心投入直到最后一刻，直到完成他们的项目为止。第一印象至关重要，而最后的印象却久远留存。

图 15 - 9　约翰·史蒂芬·阿赫瓦里即将到达终点线

也许，员工之所以没有干劲是因为他们手头的项目在外人看来几乎是透明的，既没什么荣誉也谈不上被大家认可。企业内部的长期性研究项目就是这样一种情况。这时也可以通过讲故事、打比方来提醒员工是为了什么样的价值而决定从事这个职业的。也可以以导师这一角色唤醒员工心中的开拓者，并找出其他开拓者同样在孤寂的新大陆上进行探索、为整个文明奠定基石的故事，比如人们迁往北美大陆的这段历史。

还有，如果企业在经济上或管理方面陷入严峻状况，有大量的榜样和故事是应该看一看的。通过故事可以展示：坚持到最后一刻是值得的。

鼓起勇气

7 岁：全家人被驱逐出了自己的住宅和农场，他不得不打工帮助家人。

9 岁：母亲去世。

22 岁：因为雇主破产，他随之失业。

23 岁：他参加了司法部门的甄选，在 13 位律师中名列第 8。

24 岁：他贷款和朋友建立了一家企业。当年年底，这家企业破产，司法官没收了他的全部财产用以偿还债务。随后，他的合作伙伴去世，他不得不接手同伴的这部分债务，在接下去的几年里一直忙于还债。

25 岁：他通过司法部门的甄选获得了一个职位。

26 岁：订婚，但是未婚妻在婚礼举行之前去世。他罹患抑郁症。

29 岁：参加司法部发言人的甄选，以失败告终。

34 岁：他为竞选本地区在美国议会的席位而发起宣传，失败。

35 岁：这一次他赢得了议会席位，前往华盛顿。

39 岁：在任期结束之后，根据党派规定，他不得再次参选，成为无业人员。

40 岁：竞聘一般土地管理局委派员一职，被拒。

45 岁：竞选美国参议院议员，因缺少六票而失败。

47 岁：成为所属党派副主席候选人，但未能中选。

49 岁：他第二次在参议院的竞选中失败。

51 岁：亚伯拉罕·林肯被选举为美利坚合众国第 16 任总统，在四年任期当中，他领导这个国家度过了最艰难的国内危机（内战），维护了联合政府并结束了奴隶制（见图 15-10）。

遗憾的是，曾经的失败和恐惧对不少企业而言仍然是一个禁忌话题，没有人愿意承认这些事实。但是这一类"成功的失败"故事却能鼓舞他人，让大家勇敢地坚持下去，从失败中吸取教训并继续努力。

图 15 - 10　亚伯拉罕·林肯

交流知识

汤姆用了八年的时间晋升为一家国际领先的市场调查公司的经理。在他的设想中，他看见的是自己每天走进纽约摩天大厦第 70 层的一间大办公室，他坐在一张桃心木的书桌旁指挥着各类重要项目。当他终于在当上经理的第一天实现了这个梦想之后，他按捺不住去尽情享受这一整套的待遇，哪怕是其中最微小的细节也不放过。于是他请求第一个走进他办公室的女同事给自己端一杯咖啡，而当他开始处理其他工作之前，这件事就已经以不同的版本野火燎原般传开了。

马可斯在辛辛那提办公，他领导的两个团队却分别位于美国的东西海岸。公司让他从这两个地方中选择一个，避免总是要从中部出发不断在三地之间来回往返。马可斯去了位于西海岸的西雅图。在那里只有四名员工挤在一间带四个办公间的小房子里，此外还有一间小小的咖啡间。为了让新来的老板能有一张自己的办公桌，员工们打算在找到大一些的办公室之前每两个人共用一个办公间。当马可斯抵达之后，他却在咖啡间里撑开一张折叠桌开始办公，这并不只是将就几天，而是在找到大办公室之前都会一直待在这里。这种不自私的态度得到了团队的尊重，这样的尊重却是不少人要花上几周甚至几个月的时间才能获得的。

　　每个人可能都知道：伸出食指说"做这个"或"别做这个"这种形式的指教大多只会让我们翻一个白眼，而如果换成讲一讲上述这一类关于在相同的岔路口重新出发的对比故事（一个新经理上班头一天该有什么样的行为），却能起到很不同的效果，因为听众自己就能从中得出结论（见图 15-11）。要让这样的比较收到效果需要满足 5 个关键标准。

　　1．一个真实的故事。

　　2．主人公能得到听众的认同。

　　3．有要面对的对手和困难。

　　4．一个主人公成功了，另一个失败了。

　　5．让听众自行得出结论，哪一条是正确途径。

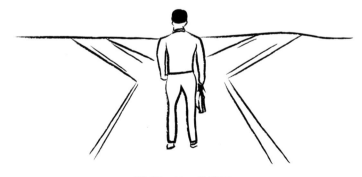

图 15-11　岔路口

如果手头没有真人真事的例子，岔路口的故事也可以这样去讲述：满足最后两条标准、讲一个寓言式的故事。为了论证"优秀的表现取决于能否以开阔的眼光去寻找开放的问题和解决办法"，保罗·史密斯讲了丹麦物理学家汉斯·克里斯蒂安·奥斯特的故事，后者曾在19世纪早期任教于哥本哈根大学。在一次课堂上的电力实验中，奥斯特发现碰巧放在旁边的一块磁铁在猛烈偏转。他问自己的助手是否观察到过这样的情况，对方回答说这种现象经常发生。奥斯特被这个现象吸引，花了好几个月的时间进行实验，然后确定了电力与磁力之间的直接关系，那就是电磁波，它决定了我们对光的视觉感受，让电视、微波炉和移动电话的问世成为可能。在助手对电磁现象毫不关心的同时，奥斯特却放宽了视野，而这一发现本来并不在他的计划之中。

如果既不能从企业内部找到合适的事例，也没有恰当的比拟而满足不了第一个标准，仍然可以试试完全虚构一个故事。虚构的一个好处就是可以非常贴近其他的四条标准，但重要的是要清楚告诉听众这是一个虚构的例子。

最后，关于失败的故事也能强烈地影响我们怎样吸取他人的教训。正如作家克雷格·沃特曼所说："失败故事和事故一样，两者都以相同的方式吸引人们的注意。碰上事故我们会想要去看看发生了什么，并想了解怎样能够避免自己发生类似的事情。"而这样的事例不可以和岔路口故事中的反面例子混淆起来。在奥斯特的例子中，助手虽然一直没有采取行动，但仅仅因为这个还远远不能说他失败了。失败故事也不一定非得是领导者本人的事情，但如果领导讲的是自己的故事，那就会带来两个好处：第一，谦逊是非常能赢得大家尊重和认可的品德，但大多数的管理人员迄今为止仍未能充分体现这一品德。通过谦逊可以向员工们展示：与维持自己完美的形象相比，把自己的经验教训传递给大家是更为重要的。第二，能让团队产生共情，从而进一步巩固团队的关系与合作。

教导并反馈

很遗憾，非常多的员工仍然认为，向他人求取反馈、建议或者非常具体的帮助是能力不足的标志。英雄旅程可以帮助管理者和他们的团队去改变这种观点，因为这将从最直接的意义上对英雄和导师的角色进行分配。没有人会在向导师征求建议时被降格为失败者或配角，恰恰相反，征求建议在很多情形下正是不可或缺的，这样才能鼓励英雄接受新的挑战，并得到相应的知识和工具武装自己。通过这样的反馈文化，员工们在向领导或同事征求意见时将不会觉得太困难——前提是能借助英雄旅程提出正确的问题并得到解答。

思考题

1. 英雄来自何方，他要往哪里去？

2. 他为什么要去那里？他的目标是什么？所能获得的奖赏是什么？

3. 在他前进的道路上有什么样的障碍和对手？

4. 他会发现自己的哪些不足并想要做出改变？

5. 导师可以借助哪些知识和工具来弥补英雄的这些不足或是训练他？

6. 在冒险完成之后的新世界里，英雄也许不再需要导师来克服障碍，这个世界又是什么样子的？

当某个员工自己还完全没有意识到所犯的错误或是自身存在的不足，应该怎样去提醒他？领导者可以借鉴在前面几点中用过的方法收集类似的情况和轶事（而不是罗列出现的问题以及怎样去改进），帮助员工自己去找出解决办法并且认识到这也涉及他自身的情况。

理解客户

Hamburger Helper 是美国的一家意式方便面品牌。在 28 岁的梅丽莎·斯图金斯基于 2004 年担任该企业的品牌经理之前，产品销售额已经连续十年呈下滑趋势。梅丽莎带着朝气和热情着手改变这一状况。在上任的头一天，她拿到了三本厚厚的文件夹，里头是数据、统计、战略报告、市场调查结果等。梅丽莎管它们叫死亡文件夹，她几乎都拿不动它们，更别提处理文件夹里的所有信息了。因此，她和自己的团队决定把数据撇在一边，转而上门拜访客户（主要是已经做了母亲的女性），同时观察他们是怎样使用方便食品的（见图 15 - 12）。

"我看完了所有关于我们客户的数据，人口统计数据都能背下来，但去家里拜访一位女顾客、分享她人生中的一瞬间，这是一种截然不同的体验。我永远也不会忘记这样一位女士，她做晚饭时另一只手还抱着孩子。我们知道，我们的食品最重要的一个特性就是它烹饪起来简单方便。但是亲眼去见识这一特性有多重要，这就是另外一回事了。"

图 15－12　女客户们在现实生活中是怎样使用产品的

借助几次上门拜访所了解到的信息，梅丽莎和她的团队让营业额在接下来的一年中上升了 11％。调查发现 Hamburger Helper 的产品种类太多，有 11 种不同形状的面条再配上 30 多种不同的口味，但母亲们特别是孩子们主要只需要其中的一种，也就是母亲很肯定孩子会愿意吃的那一种。换用新口味比较有风险，而看上去都差不多的品种也让母亲们在选择时很头疼。

"当我要对产品做个决断时，我总是会想一想我遇到的这些母亲，然后问自己，她们会怎么做。"

思考题 ————————————————————————

1. 您的企业可以创造哪些与客户直接见面的机会并利用这些机会真正去理解客户、认识他们本人并了解他们背后的故事？

2. 怎样去记录这些见面和体验并加以传播？

领导讲故事的最佳方式

级别越高的管理者越会花更多的时间与他人交谈：和生意伙伴、客户，特别是和自己的员工。因此，最常见的讲故事机会就在日常的相处之中。但在这些情况下很少能展开长篇大论或借助视觉辅助资料。这里用作故事的常常是只强调一个论点的轶事，大多不到一分钟就可以讲完。因此，在这种情况下我们是无法把英雄旅程的所有章节铺开来讲的，但可以借鉴 CAR 模式（见图 15 - 13）。与"开端、中间和结尾"三位一体式不同的是，这一模式主要以三个关键要素为依据：上下文、行动和结论（Context，Action，Result）。

图 15 - 13　CAR 模式

"Context"对应的是"在很久很久以前……"，史密斯认为这个部分所受到的重视少得糟糕透顶。其结果就是，很多故事显得混乱不清、无聊乏味。这个部分的功能就是钩子，它需要树立起一个能让听众共情的英雄、用意外或神秘吸引住我们，又或者是通过其他途径抓住我们的注意力。每一个"在很久很久以前……"的上下文都是相似的，由以下几个要素组成。

思考题 ————————————————————————————————

    1. 故事发生在何时何地？

    2. 主人公是谁？

    3. 他想要达成什么目标？

    4. 他会碰到怎样的障碍？

————————————————————

要把一个故事讲得可信，何时与何地最为重要。从"在很久以前的遥远他方"到"在 2006 年德国世界杯的决赛上"，离后一个时间刻度越近，听众就越容易从个人的具体情况出发来理解这个故事。

对领导故事而言，最有效果的主人公是能让听众产生"这也可以是我"想法的那一类型。英雄想要达成什么，又是"为了什么"？是要让客户得到最好的服务、让特定的企业文化得以体现、让自己在做演讲时大家会认真聆听，还是想让自己的团队良好合作？

英雄又会遇到哪些艰难险阻？这一点也常常在轶事中缺失，结果就是让故事显得相当薄弱。没有对手或阻碍，英雄就无法做出改变、无法学习进步，这意味着最终的成功看起来仅仅是因为他运气还不错。在诺德斯特龙的客服英雄事迹中也有阻碍的存在，这里出现的情况是：员工们有时候不得不把服务质量摆在营业额前面。在组建团队的事例中，遇到的障碍就是两个本来的对手要学会携手合作。

"Action"部分包括了英雄接下来为了克服障碍和矛盾、实现目标所采取的一切行动：梅丽莎·斯图金斯基做出抛开数据而上门拜访 Hamburger Helper 客户的决定，还有她在这个过程中所经历的和学到的一切，约翰·史蒂芬·阿赫瓦里的坚持到底，这都是 Action。行动部分常常更受偏爱，因为讲述者对这一部分的记忆最深刻。这里包含了一切为达到目标而发生的紧张刺激的事情。但讲述者不可以忘记：听众所知道的比讲述者自己要少，所以上下文不应该被省略。

"Result"有三个功能：这个部分揭示了故事的结局，同时它服务于向听众传播正确的经验教训这个目的，最后，它能回溯到讲这个故事的原因。

把讲故事作为管理的中心任务

讲故事是一个工具，管理者必须先学会使用它才能在日常工作中加以运用。除了和员工面对面地谈话之外，还有很多其他的内部交流方式可以让故事充分施展其影响力。在回忆中、演示报告中、谈话中、特别是内部的出版物中（比如员工报刊或电子通讯），都要为讲故事打下基础，这并不是光靠一两个人的努力就可以做到的，而是应该享有重点优先权。

内部交流的目的和在营销中完全一样，就是要尽可能地对内容进行协调，减少来自各部门各种场合下的不协调发声。这就需要领导故事，并准备好相应的资源，从而可以了解通过哪些频道、用什么样的方式、由谁来讲述故事。

讲故事的中心是主人公。正如您已经了解到的那样，我们通常能直接从我们的受众中找到主人公，在内部交流中也是一样。和营销一样，最重要的前提就是要细致了解主人公以及他的需求和价值。一个初创企业的程序员，一个在非政府组织就职的医生，一个从事邮购业务的仓库管理员，他们肯定有着不一样的目标、挑战和动力。在一个企业内部，这样的人物模型可能有各种各样的版本，当我们了解他们后，将可以看到更多今后战略的问题或佐证，而这些您已经在前面的讲故事章节中了解过了。

思考题 ───────────────────────────────────────

1. 英雄来自何方？

2. 是什么驱动着他？

3. 他的新世界和旧世界之间的差别在哪里？

4. 他有哪些盟友和敌人/障碍？

5. 他有什么样的需求和价值？

6. 导师怎样给予他帮助？

7. 什么样的故事和内容会吸引他？

8. 通过哪些频道可以打动目标听众？

9. 要激发哪种程度的积极性？

──────────────────────────

从萨蒂亚·纳德拉到全体雇员

作为微软新一届 CEO 走马上任时，萨蒂亚·纳德拉（见图 15 - 14）于 2014 年 2 月 4 日向所有员工（以及公众）发出了一封电子邮件。他必须用这 967 个字母赢得信任、说明价值、对两位前任所留下的财富以及微软的历史表示珍视，同时还要说明他自己眼中的愿景。

图 15-14　微软 CEO 萨蒂亚·纳德拉

"虽然我们取得过极大的成功，我们仍然在渴求做出更多。我们的行业并不尊重传统，它只尊重创新。对我们这个行业以及微软而言，这是一个关键时刻。别误会，我们在走向更加远大的地方——技术在进步，而我们随之进步并在超越它。我们的任务是，确保微软在这个移动优先、云优先的世界中蓬勃发展。"

→挑战：在一个由创新主导的行业中，微软不能守着自己的荣耀打盹。

"我现年 46 岁，已经结婚 22 年，有三个孩子。和其他人一样，我所想、所做的很多事情都源于我的家庭以及我的人生经历。很多认识我的人说：我的好奇心和对知识的渴求定义了我这个人。我买的书多得读不完，我报名参加的在线课程多得上不完。我坚信，如果不去学习新的东西，就再不能做出伟大和有用的事情。所以，家庭、好奇心和对知识的渴求定义了我这个人。"

→通过一封电子邮件在自己与千千万万员工以及广大公众之间

建立起共同点，这并不是一个简单的任务。家庭价值是最广泛也最容易理解的分母。他放在中心的个人特点是好奇心与求知欲，这两者都是创新的基本前提，他在下文中也不断提到这一点。但他也承认，虽然雄心勃勃，却也有自己的上限，他买的书要比他实际上阅读的更多，而参加的网上课程也没能学到底，这是承认小弱点的一种优雅方式，而这一点大概能让大多数人颇有同感。

"我为什么在这儿？我在这里的原因和大多数在微软的人一样：想要借助技术来改变世界，让人们能够做惊人的事情。我知道，这可能听起来很夸张，但这是事实。我们做到过，我们今天仍在做，而我们是将要再次做到这一点的团队。"

→愿景与过去、现在和未来结合在一起。

"我们为什么在这儿？在过去的历史中，我们的使命是让家家户户书桌上都有电脑，这是我们已在发达国家中广泛实现的目标。"

→出身故事。

"展望未来，我们必须全心投入到微软能为世界贡献的独特事物上。未来的机遇将要求我们重新构想我们在过去为移动和云优先的世界所做的大量事情，并推出新事物。"

→未来故事。

"陆奇在最近的一次会议上很中肯地做了总结，他说：微软用独一无二的方式赋予人类"做到更多"的能力。这并不是说我们必须做更多的事，而是我们所做的工作能让全世界的人更多地去做他们在乎的事情——完成工作、享受乐趣、交流沟通并完成伟大的事情。这是我们的内核所在。在我们所做的一切事情中——无论是云还是设备体验——推动这一核心价值，这就是我们为什么在这里。"

→谁是英雄？他们想要达成什么？成长需求是什么？微软怎样在这一过程中为他们提供支持？

总　结

从微软的例子可以看到，单个的员工可以作为英雄体现整个企业的价值，就像《微软故事》的第一篇文章《88 英亩》，也正如这位必须赢得数万的员工、数百万客户、记者以及众多股东信任的CEO 本人。另外，故事也可以由竞争对手来讲述，就像苹果公司在"I'm a Mac"广告中所展示的那样。一个企业的故事不是仅仅由一个人来书写的，但为了尽可能统一叙事风格，就需要注意：讲故事首先应在企业中发展起来，让员工明白自己处在一个什么样的价值世界，愿景是什么，障碍又是什么。这样一来，员工才能将价值和愿景传播下去，才能创造一种企业文化并通过统一的立场和态度团结起来，并且在与客户的日常互动中建立起良好的基础，从而不仅能让客户认同产品，更能将他们作为同伴与品牌一起踏上英雄旅程。

引用事例 ────────────────────────────

萨蒂亚·纳德拉向全体微软员工发出的电子邮件：http://news.microsoft.com/2014/02/04/satya-nadella-email-to-employees-on-first-day-as-ceo/.

第四篇

企业怎样找到故事

第 16 章

听故事

"我们就像报刊记者一样在园地里到处走，不断找寻着能定义微软及其愿景和价值的人或瞬间"，微软的史蒂夫·威斯这样对我说道。

"我们当然也和人们在垃圾场谈过话，早上 6 点就出发了，赶在开始收垃圾、清扫大街之前和员工们进行了交流"，雷内·海曼在谈起柏林城市清洁公司的广告创意时是这样说的。

"多芬对世界各地的 6 400 多名女性做了问询调查，内容是对自己外貌的满意程度，结果表明，只有 2% 的德国女性认为自己长得漂亮，而这个关于外貌的复杂问题在年少时就已经出现了。"

"一个运动员一生中最具戏剧性的时候是什么样的?"佳得乐向自己提出这样的问题，并以此为基础制作了广告片《再战》，让曾经是高中死对头的人们把当年半路中断或是存在争议的那场比赛再比一次。

德赞臣在《更好地感受生活》中请患者讲述自己如何战胜疾病、重回正常人生。

Meyer物流公司描绘了自己的员工在业余生活中对各种事物的热情，他们结合个人的爱好用比拟的方式展现了企业的工作理念。

所有这些企业都通过观察与倾听找到了各自的故事（见图16-1）。讲故事最重要的一块基石（同时也是目标）就是认识并反映大众的需求，并在讲述者和聆听者之间建立起共情。因此，企业在讲故事之前必须先好好听一听自己的员工和客户想要说什么。要提出正确的问题，英雄旅程就是一个很理想的出发点。

图 16-1　通过倾听来找到故事

思考题

1. 你是谁？

2. 你惯常的世界是什么样的？

3. 你生活中典型的一天是什么样的？

4. 是什么让你与众不同？

5. 你想达成什么？

6. 为什么？

7. 你将用什么方式去达成这个目标？

8. 你将会遇到什么样的阻碍？

9. 你害怕什么？

10. 谁站在你这一边，谁不在你这一边？

11. 在这个过程中，我可以为你提供什么样的支持？

12. 理想的新世界是什么样的？你在这个新世界里将会是什么样？

13. 通过这场冒险，你发生了那些改变？

———————————————————

其他方面（比如能让英雄看清是哪些价值让自己有别于众人的情节等）还将提出更多的问题、给出更多的答案。

在设计思维方法领域中研发出来的移情图有助于换位理解客户和员工的处境，并能收集和理清所有这些很有启发性的信息（见图 16-2）。

● 字句：答案中有哪些字句出现很频繁或特别显眼？

● 行为：谈话对象描述了哪些行动？他在回答问题时举了哪些例子？

● 思维：他的理性原因、论据是什么？这透露了他怎样的世界观？

● 情感：在谈论回忆和愿望时他描述了什么样的情感？从他的回答和用词中可以察觉什么样的情感？

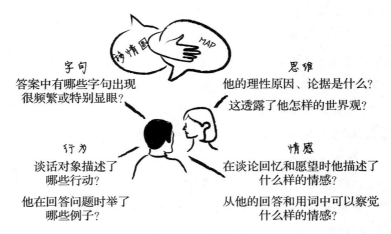

字句
答案中有哪些字句出现
很频繁或特别显眼？

思维
他的理性原因、论据是什么？
这透露了他怎样的世界观？

行为
谈话对象描述了
哪些行动？
他在回答问题时举了
哪些例子？

情感
在谈论回忆和愿望时他描述了
什么样的情感？
从他的回答和用词中可以察觉
什么样的情感？

图 16－2　移情图

这些私人的谈话还可以借助大量的问卷调查或通过观察他人得到确认和扩展。如果对方是客户，那么还可以问一问客服、销售和产品研发等部门的员工，因为他们是客户的同盟。如果涉及的是主要面向母亲们的某个产品，可以将父亲、孩子、最好的女性朋友或祖父母包括进来，他们会是很有启发性也很有悬念的故事的源泉。对于领导和雇主故事，除了员工之外还有更多来源：他们各自的上级、同事、客户、家庭和朋友。

最后，所有这些问题也要问一问自己。"我今天要对你们讲述三个我的人生故事。没有什么特别的，只是三个故事而已"，史蒂夫·乔布斯不仅仅讲述了他人生中随便的几件事情，他所选择的恰恰是对他的英雄旅程产生了重大影响的事情、关键时刻、挑战或是改变，这些都是对他的价值以及苹果愿景的一种反映。因此，每一位企业和每一位企业家都应该问一问自己，在各自的英雄旅程中，什么是决定性的时刻。

在这个基础上，可以通过大量创造技巧创作出非常具体的故事和广告，从开放型的头脑风暴到头脑写作、联想链和思维图再到迪士尼方法（在迪士尼方法里，将从一位梦想者、一位现实者和一位批判者的视角审视一个创意）。回顾一下本书提到的所有事例，您首先想到的办法也就是前面提到的各个采访中所提倡的方法。

转换视角

保德信（Prudential）凭借广告片《第一天》扭转了养老院的形象。在片中，养老院的新住户分享了他们入住第一天的印象，也分享了他们新一段人生的开始。

巴塔哥尼亚在纪录片《Worn Wear》中让户外冒险爱好者讲述他们最精彩的探险，但主要是从所选用的装备视角来描述的。

英特尔用对待 USB 的发明者、摇滚巨星的热情来赞颂自己的员工。

通用电气在视频《童真想象力——我妈妈在 GE 的工作》中通过一个孩子的视角来展示员工们在该企业能实现什么。

在广告片《最后》中，耐克聚焦于马拉松赛的最后一名而不是第一名。

在《独特物品》中，一把塑料制成的排箫让自己的价值翻了 63 倍，因为通过一位大使的视角来描绘了它。

借助广告片《你的男人可以闻起来像这个男人》，Old Spice 调转方向，虽然推介的是男士卫浴产品，但这一场对话主要是面向广大女士展开的。

所有这些故事之所以别具一格，是因为它们没有选择普通视角，而是通过新的角度来处理普通的状况。

另外一个典型的例子就是"全世界最艰辛的工作"宣传活动，其核心是一则观看量超过 2 500 万的 YouTube 视频（见图 16 - 3）。

图 16 - 3 　《全世界最艰辛的工作》应聘视频

视频中一名男性应聘者看到一则真实的运营总监招聘广告后前来应聘，而招聘者通过视频通话介绍了岗位要求：要不断地站立工作、不断走动，每周至少工作 135 个小时，没有中间休息，最好能有医学和金融学科的学位，在节假日工作压力甚至会提高，而这一切都不会有薪金。应聘者那难以置信的眼神胜过千言万语。招聘者最后解开谜底：已经有数以百万计的人正在从事这样的工作，这个岗位的名称是母亲。这时，所有人都被打动了。

这一次宣传行动是由 Cardstore 发起的，从很多方面来讲，它都是讲故事的一个极佳范例。通过颇有挑衅意味的标题和直到最后才揭示谜底的情节，牢牢吸引住了观众，得出的结论让所有人大为感动。视频中没有用来表现母亲对孩子意味着什么的老套画面，却让背景千差万别的人在一个出人意料的情况下面对了这一问题，不管是视频里的应聘者还是观众都产生了同感。视频背后的宣言反映了企业的价值和愿景（"Make a meaningful connection anytime，anywhere"）。这个故事通过跨媒体方式发展出后续，观众们通过标签"全世界最艰辛的工作"（worldstoughestjob）在 Twitter 上向母亲表达了谢意。

思考题

1. 英雄有哪些同伴？
2. 他们对主题、英雄以及他的矛盾有什么样的看法？

社交媒体监控

社交媒体不仅为讲故事提供了大量新的途径和机会，而且对所有听故事的人来说，Facebook，Twitter 以及其他平台是真正的宝矿。借助自己的电脑就可以通过虚拟方式抵达客户和潜在员工聚集的地方，他们在那里谈论自己的日常经历，提出问题并且进行交流。随便用谷歌搜一搜论坛再加上相应的限定，就可以概览用户之间讨论的具体问题。所有这些也都是能用于讲故事的话题。相关主题的博文或 Facebook 发文的评论也能为企业故事带来无数灵感。借助特殊的社交媒体监控工具可以观察标签、单个的概念或短语以及相应频道，从而能一直保持跟进。

实时观察社交媒体对很多企业而言还是非常新的一项挑战，但是如果掌握好这一点，就能很好地参与对话并进入正在发生的故事中去，从而为自身创造优势。迄今为止，实时故事的例子在德国只有少数几例，其中一个就是 Sixt 公司，至少它能在短短几天内针对当前的新闻热点——比如铁道罢工、马肉丑闻或联邦议会选举等——做出强有力的回应（见图 16-4）。

比自民党的席位更多

图 16-4　Sixt 宣传事例

奥利奥在社交媒体中设立了一个标杆。这家饼干制造商在超级碗比赛期间订下了一个价值数百万美元的广告片。当发生停电时，社交媒体团队迅速地用图 16-5 中的画面做出应对，而奥利奥也可以在黑暗中"泡一泡"的这句注释让该公司在 Twitter 上的转发量达到 15 000 次。

说是标杆，这并非夸张。当碧昂丝在 2016 年 2 月的超级碗比赛前不久发表了新歌《Formation》时，所有人的眼光都投向了海鲜连锁餐馆红龙虾。当一家企业被流行巨星在歌里点名时，很多人都会满怀期待地留意该企业会在社交媒体上做出什么反应、想知道故事会不会接续下去。红龙虾餐馆直到 8 个小时之后才做出回应，并且停电？没关系。

黑暗之中的你仍然
可以泡一泡再吃

154 610 6 676

图 16 - 5　奥利奥在超级碗比赛停电事件中的 Twitter 宣传

发表了一段没什么创意的广告推文——完全无法在品牌故事领域青史留名（见图 16 - 6）。尽管因为碧昂丝的点名让企业的营业额暴增33%，但在 Twitter 和 Facebook 上遭到了大量嘲讽，并且波及传统媒体。

　你错失了大好机会，@redlobster。你本应该做更多的。

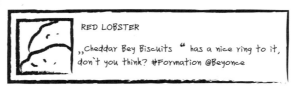

图 16 - 6　红龙虾餐馆对碧昂丝新歌的回应

其他的故事创意

除了思维导图、头脑风暴、视角转换和倾听故事方法能为故事提供创意之外，其他的一些辅助方法也可以参考借鉴。

1. 从成功的广告中汲取灵感。

2. 以当前事件或者不断重复的事件为导向（比如全球体育盛事、奥斯卡颁奖、选举等）。

3. 与在目标群体中广受欢迎的流行文化建立起联系（比如《星球大战》《老友记》以及丛林求生真人秀等）。

4. 如果……该怎么办（用夸张的形式进行练习，以找到新创意，比如图 16-7 "如果没有手，手工业该怎么办"）。

图 16-7 广告片《手工业》片段

5. 字词联想：用任意一个词，比如雨伞或幼儿园，借助故事将它与企业、企业的产品、员工或客户建立联系。

6. 6-3-5法：让6名参与者在纸上各自写下3个概念，5分钟之后将纸递给左边的人，让对方改进或扩展每一个概念，直到所有参与者处理过所有写有概念的纸。

7. 时间之旅：对某个问题，过去的人会做出怎样的处理？未来的人呢？

8. 6道障碍法：和迪士尼方法相似，用不同的视角去研究同一个主题，比如客观/中立、主观/非常个人的意见、批判性的、乐观的、非常不一样的替代方法、缓和的。

引用事例

Cardstore. com 视频《全世界最艰辛的工作》：https：//www. youtube. com/watch？v＝HB3xM93rXbY.

奥利奥在超级碗比赛停电事件中的推文：https：//twitter. com/oreo/status/298246571718483968.

红龙虾餐馆对碧昂丝新歌的回应推文：https：//twitter. com/redlobster/status/696193227477684224/photo/1.

《手工业》广告片：https：//www. youtube. com/watch？v＝1TwIUgd7eb0.

第 17 章

核对清单

	企业	客户		员工	
		角色 1	角色 2	角色 1	角色 2
第一幕					
英雄来自何方？他原来的世界是什么样的？					
英雄有哪些特质？他有什么样的价值？					
他的目标是什么？有什么样的愿景？有什么样的需求？					
是什么触发了这一愿景/需求？					
他面临哪些外界障碍？他的对手是谁，困难在哪里？					
他有哪些弱点？他内心的阻碍有哪些？					
他最重要的同伴是谁？					

续表

	企业	客户		员工	
		角色1	角色2	角色1	角色2
第二幕					
英雄通过什么样的途径达成目标？					
有哪些矛盾冲突，而他又是怎么解决的？					
通过这一旅程，英雄有了什么样的改变？					
第三幕					
新世界是什么样的？					
有什么样的奖励？					
叙事					
要用到哪些媒体、频道和技术？					
要实现或调控何种程度的积极性？					
视觉世界是什么样的？					
手头已经有哪些故事和轶闻？已经出现了哪些矛盾冲突和成功经历？					
是否有过失败的时候，而英雄又从中吸取了什么样的教训？					

企业作为导师

1. 在创立时，哪些价值扮演着重要角色、是创业的动机所在？

2. 您的产品或服务体现了什么样的价值？

3. 从个人利益出发，您可以让人信服地代表哪些价值？

4. 您想要推动客户和员工的哪些成长需求？

5. 您是否在此前曾用害怕和暗示针对过受众的"不足需求"？

6. 怎样才能用成长需求取代它？

7. 您想要扮演哪一种导师角色（激励、知识、工具、奉献）？

8. 您能否为企业找出一个属于自己的原型？

9. 有哪些企业和您的原型相似？

10. 您能否更准确地定义要通过什么方式赋予英雄（员工/客户）更多能力？

11. 对于所选择的导师类型，您具备什么样的独有特质？

12. 您拥有哪些与众不同的价值？

13. 您想要怎样与英雄对话？

情　节

1. 您的英雄是否必须面对一个强大的对手、经历一场勇气考验或是迎接其他的挑战⇒战胜怪兽？

2. 英雄是否有想要继续成长的中心需求？⇒从洗碗工人到百万富翁？

3. 英雄是否有特定的奋斗目标，是否想要获取某种宝贵的、物质或非物质的东西？⇒探寻

4. 英雄是否有机会在限定的时间内来到一个新的地方，以获得新的灵感、经验和视角？⇒旅程与回归

5. 您是否想要通过意外、混淆和相应的揭示来让英雄获得新的

认知？⇒喜剧？

6. 英雄做出了什么样的错误决定可能会导致他的毁灭？⇒悲剧

7. 您是否想要英雄看到一幅他自己的或是他周围世界的新景象？⇒重生

角　色

1. 您想要采用虚构的还是非虚构的角色？

2. 您的企业是否有极具人格魅力的领导者？

3. 您可以借助哪些员工来讲故事？

4. 他们在您的企业或是和您的客户经历过什么样的故事？

5. 哪些客户故事可以采用？

6. 哪些名人证言符合他们的价值以及企业在他们眼中的形象？

7. 您是否可以为受众提供机会，让他们能亲身体验您的价值和愿景？

广告和内容

1. 哪些角色可以得到观众的认同？

2. 故事有哪些情节？

3. 它们体现了什么样的需求和价值？

4. Hook（钩子）是什么？要如何引起注意？

5. 怎样设置悬念并持续保持关注度？

6. 观众将从您的故事中得到什么？奖励是什么？

7. 就形式以及所要激发的参与程度而言，哪些频道和媒体适合作为故事的核心？

8. 在哪些频道和媒体中可以让故事有后续发展、让故事世界得到拓宽？

9. 就文案、图片、视频、活动和其他方式而言，有哪些资源和专业技能？

10. 您的企业已经建立了哪些频道？

11. 是否可以简单方便地找到这些频道？它们与其他频道的链接是否良好？

12. 在该频道中是否很容易就能刺激分享转发以及其他互动？

雇主品牌

1. 您的企业代表着什么？

2. 面对未来，企业将走向何方？

3. 在您的企业中工作是什么样的情形？

4. 什么样的人能在您的企业里开心工作？

5. 作为雇主，您的吸引力在哪里？

6. 您的雇主价值主张是什么？

7. 您的企业有哪些独特的职业形象和工作范围？

8. 是什么在激励着员工？

9. 员工们是怎样描述您的企业的？

10. 在领导人员、团队负责人以及员工层面上有哪些关键人物是颇具魅力的证言人？

11. 您可以在哪些频道中吸引人才？

12. 您可以调动哪些资源来讲述员工故事？哪些媒体最合适？

领　导

1. 您知道有哪些故事可以形象说明愿景的重要性？

2. 怎样传播这一愿景才能得到公众的认同认可？

3. 怎样传播这一愿景才显得可信？

4. 怎样传播认知和新措施才能把员工带入有如探寻追猎情节一般的旅程？

5. 哪些故事可以帮助您的员工了解在客服方面通行的标准？

6. 用什么方式去收集企业内部的轶闻和事例？

7. 通过哪些频道最便于在内部分享这些故事？

8. 您的企业可以创造哪些和客户直接接触的机会，从而让员工真正理解这些人以及他们的故事？

9. 怎样去记录这些接触并加以传播？